教育部人文社会科学重点研究基地成果
中国语言文学国家"双一流"建设学科成果

汉语方言语法研究丛书

顾问 邢福义 张振兴

主编 汪国胜

固始方言语法研究

叶祖贵◎著

中国社会科学出版社

图书在版编目（CIP）数据

固始方言语法研究／叶祖贵著 . —北京：中国社会科学出版社，2024.3
（汉语方言语法研究丛书）
ISBN 978-7-5227-2999-2

Ⅰ. ①固⋯　Ⅱ. ①叶⋯　Ⅲ. ①北方方言—语法—方言研究—固始县
Ⅳ. ①H172.1

中国国家版本馆 CIP 数据核字（2024）第 034524 号

出 版 人	赵剑英	
责任编辑	张　林	
特约编辑	张　虎	
责任校对	刘　娟	
责任印制	戴　宽	

出　　版	中国社会科学出版社	
社　　址	北京鼓楼西大街甲 158 号	
邮　　编	100720	
网　　址	http://www.csspw.cn	
发 行 部	010-84083685	
门 市 部	010-84029450	
经　　销	新华书店及其他书店	

印刷装订　北京君升印刷有限公司
版　　次　2024 年 3 月第 1 版
印　　次　2024 年 3 月第 1 次印刷

开　　本　710×1000　1/16
印　　张　13
插　　页　2
字　　数　208 千字
定　　价　79.00 元

凡购买中国社会科学出版社图书，如有质量问题请与本社营销中心联系调换
电话：010-84083683
版权所有　侵权必究

总　　序

20世纪80年代以来，随着汉语方言研究的拓展和深化，方言语法的研究越来越受到学界的关注和重视。这一方面是方言语法客观上存在着不同程度的不容小视的差异，另一方面是共同语（普通话）语法和历史语法的深入研究需要方言语法研究的支持。

过去人们一般认为，跟方言语音和词汇比较而言，方言语法的差异很小。这是一种误解，它让人忽略了对方言语法事实的细致观察。实际上，在南方方言，语法上的差异还是不小的，至少不像过去人们想象的那么小。当然，这些差异大多是表现在一些细节上，但就是这样一些细节，从一个侧面鲜明地映射出方言的特点和个性。比如，湖北大冶方言的情意变调，[①] 青海西宁方言的左向否定，[②] 南方方言的是非型正反问句，[③] 等等，这些方言语法的特异表现，既显示出汉语方言语法的丰富性和复杂性，也可以提升我们对整体汉语语法的全面认识。

共同语语法和方言语法都是对历史语法的继承和发展，它们密切联系，又相互区别。作为整体汉语语法的一个方面，无论是共同语语法还是历史语法，有的问题光从本身来看，可能看不清楚，如果能将视线投向方言，则可从方言中获得启发，找到问题解决的线索和证据。朱德熙和邢福义等先生关于汉语方言语法的许多研究就是明证。[④] 由此可见方言语法对于共同语语法和历史语法研究的重要价值。

[①] 汪国胜：《大冶话的情意变调》，《中国语文》1996年第5期。
[②] 汪国胜：《从语法角度看〈现代汉语方言大词典〉》，《方言》2003年第4期。
[③] 汪国胜、李曌：《汉语方言的是非型正反问句》，《方言》2019年第1期。
[④] 朱德熙：《从历史和方言看状态形容词的名词化》，《方言》1993年第2期；邢福义：《"起去"的普方古检视》，《方言》2002年第2期。

本《丛书》由教育部人文社会科学重点研究基地华中师范大学"语言与语言教育研究中心"筹划实施并组织编纂，主要收录两方面的成果：一是单点方言语法的专题研究（甲类），如《武汉方言语法研究》；二是方言语法的专题比较研究（乙类），如《汉语方言疑问范畴比较研究》。其中有的是国家或教育部社科基金项目的结项成果，有的是作者多年潜心研究的学术结晶，有的是博士学位论文。就两类成果而言，应该说，当前更需要的是甲类成果。只有把单点方言语法研究的工作做扎实了，调查的方言点足够多了，考察足够深了，有了更多的甲类成果的积累，才能更好地开展广泛的方言语法的比较研究，才能逐步揭示汉语方言语法及整体汉语语法的基本面貌。

　　出版本《丛书》，一方面是想较为集中地反映汉语方言语法的研究成果，助推方言语法研究；另一方面是想为将来汉语方言语法的系统描写做点基础性的工作。《丛书》能够顺利面世，得力于中国社会科学出版社张林编辑的全心支持，在此表示衷心的感谢。《丛书》难免存在这样或那样的问题，盼能得到读者朋友的批评指正。

汪国胜
2021年5月1日

目　　录

第1章　引言 …………………………………………………… (1)
　1.1　固始县地理人文概况 ………………………………… (1)
　1.2　固始县历史沿革 ……………………………………… (2)
　1.3　固始方言概况 ………………………………………… (4)
　　1.3.1　固始方言的系属 ………………………………… (4)
　　1.3.2　固始方言语音系统 ……………………………… (4)
　　1.3.3　本书的调查情况 ………………………………… (6)
　　1.3.4　本书的符号说明 ………………………………… (7)

第2章　词缀 …………………………………………………… (8)
　2.1　子 ……………………………………………………… (8)
　　2.1.1　名语素后面加"子" ……………………………… (8)
　　2.1.2　动语素后加"子" ………………………………… (11)
　　2.1.3　形语素后加"子" ………………………………… (12)
　2.2　头 ……………………………………………………… (13)
　　2.2.1　名语素后面加"头" ……………………………… (13)
　　2.2.2　动语素后面加"头" ……………………………… (13)
　　2.2.3　形语素后面加"头" ……………………………… (13)
　2.3　老 ……………………………………………………… (14)
　2.4　词缀"子""头""老"的合用 …………………………… (15)

第3章　代词 …………………………………………………… (17)
　3.1　人称代词 ……………………………………………… (17)
　　3.1.1　第一人称单数"我""俺""老咱"的用法 ………… (18)
　　3.1.2　第一人称单数"我""俺""老咱"的差异 ………… (19)

3.1.3 三身代词的复数标记"几个" ……………………………… (21)
  3.1.4 非三身代词 ……………………………………………… (22)
 3.2 指示代词 ………………………………………………………… (24)
  3.2.1 表人、物的指示代词 …………………………………… (24)
  3.2.2 表时间的指示代词 ……………………………………… (26)
  3.2.3 表示处所的指示代词 …………………………………… (27)
  3.2.4 表示方式、程度、数量的指示代词 …………………… (28)
  3.2.5 表示程度的指示代词 …………………………………… (28)
  3.2.6 表示方式、状态的指示代词 …………………………… (29)
 3.3 疑问代词 ………………………………………………………… (30)
  3.3.1 问人的疑问代词 ………………………………………… (30)
  3.3.2 问物的疑问代词 ………………………………………… (32)
  3.3.3 问时间的疑问代词 ……………………………………… (32)
  3.3.4 问处所的疑问代词 ……………………………………… (33)
  3.3.5 问数量的疑问代词 ……………………………………… (33)
  3.3.6 问程度的疑问代词 ……………………………………… (34)
  3.3.7 问方式、原因的疑问代词 ……………………………… (35)
  3.3.8 问目的、性质、状况的疑问代词 ……………………… (35)
  3.3.9 问目的、原因、性质的疑问代词 ……………………… (35)

第4章 体貌 ………………………………………………………………… (37)
 4.1 实现体 …………………………………………………………… (38)
  4.1.1 表已经实现 ……………………………………………… (39)
  4.1.2 表将来实现 ……………………………………………… (40)
 4.2 进行体 …………………………………………………………… (41)
  4.2.1 进行体和持续体的区别 ………………………………… (41)
  4.2.2 三种"在"类进行体的来源 …………………………… (44)
  4.2.3 句末助词"在"的性质 ………………………………… (50)
  4.2.4 余论 ……………………………………………………… (52)
 4.3 持续体 …………………………………………………………… (54)
  4.3.1 V仔 ……………………………………………………… (54)
  4.3.2 V倒 ……………………………………………………… (59)

4.3.3　"V仔""V倒_动相"的区别 …………………………… (67)
　　4.3.4　余论 ……………………………………………… (68)
　4.4　尝试体 ………………………………………………… (69)
　　4.4.1　"V一下子" ……………………………………… (70)
　　4.4.2　"VV看" ………………………………………… (70)

第5章　特殊的述补格式 ………………………………………… (72)
　5.1　V到 …………………………………………………… (73)
　　5.1.1　趋向补语"到" …………………………………… (74)
　　5.1.2　动相补语"到" …………………………………… (75)
　　5.1.3　可能补语"到" …………………………………… (76)
　　5.1.4　"V到"作补语的情况 …………………………… (78)
　　5.1.5　"到"的歧义问题 ………………………………… (78)
　　5.1.6　"V到"与"V倒"的区别 ………………………… (80)
　5.2　V着 …………………………………………………… (82)
　　5.2.1　动相补语"着" …………………………………… (82)
　　5.2.2　可能补语"着" …………………………………… (84)
　　5.2.3　"着"的歧义问题 ………………………………… (85)
　5.3　V了 …………………………………………………… (86)
　　5.3.1　动相补语"了" …………………………………… (86)
　　5.3.2　可能补语"了" …………………………………… (89)
　　5.3.3　"了"的歧义问题 ………………………………… (90)
　5.4　V得 …………………………………………………… (91)

第6章　动词的生动格式 ………………………………………… (94)
　6.1　VV的 ………………………………………………… (94)
　　6.1.1　"VV的"四种句法格式 ………………………… (94)
　　6.1.2　"VV的"中的"V"及其句法功能 ……………… (99)
　　6.1.3　"VV的"与普通话"VV"的比较 ……………… (99)
　6.2　连V是V的 …………………………………………… (102)
　6.3　其他生动格式 ………………………………………… (104)
　　6.3.1　这V那V的 ……………………………………… (104)
　　6.3.2　这V_1V_1，那V_2V_2（的） ………………………… (105)

6.3.3 胡V八V（的） ……………………………………（105）

6.3.4 一V一V的 …………………………………………（106）

6.3.5 直V直V的 …………………………………………（106）

6.3.6 V仔V仔（的） ……………………………………（106）

6.3.7 不V不V的V了 ……………………………………（106）

6.3.8 V_1仔V_1仔（的）就V_2 …………………………（107）

6.3.9 V不/没V ……………………………………………（107）

6.3.10 要V要V的 …………………………………………（107）

第7章 形容词的生动形态 …………………………………（110）

7.1 重叠 ………………………………………………………（110）

7.1.1 AA式 …………………………………………………（110）

7.1.2 AABB式 ………………………………………………（111）

7.1.3 A里AB式 ……………………………………………（111）

7.2 附加 ………………………………………………………（112）

7.2.1 Abb式 …………………………………………………（112）

7.2.2 A+bc式 ………………………………………………（114）

7.2.3 A+bcd式 ……………………………………………（114）

第8章 几种特色句 …………………………………………（115）

8.1 被动句 ……………………………………………………（115）

8.2 处置句 ……………………………………………………（120）

8.2.1 "给""帮""把"构成的处置句 ……………………（120）

8.2.2 "V头"构成的处置句 ………………………………（122）

8.2.3 "V头"与"给/帮/把"等构成的处置句的比较 …………………………………………………（129）

8.3 比较句 ……………………………………………………（130）

8.3.1 等比句 …………………………………………………（131）

8.3.2 差比句 …………………………………………………（132）

8.4 否定句 ……………………………………………………（135）

8.5 疑问句 ……………………………………………………（138）

8.5.1 反复问 …………………………………………………（138）

8.5.2 是非问 …………………………………………………（151）

8.5.3　特指问 ……………………………………………… (154)
　　8.5.4　选择问 ……………………………………………… (155)
8.6　先行句 ………………………………………………………… (156)
　　8.6.1　"VP再"的用法 …………………………………… (156)
　　8.6.2　"再"的来源 ……………………………………… (157)
　　8.6.3　"再哩"的用法及来源 …………………………… (160)
　　8.6.4　"再""再哩"的词性 ……………………………… (161)

第9章　复句 …………………………………………………… (163)
9.1　因果类复句 …………………………………………………… (163)
　　9.1.1　因果句 ……………………………………………… (163)
　　9.1.2　推断句 ……………………………………………… (164)
　　9.1.3　假设句 ……………………………………………… (165)
　　9.1.4　条件句 ……………………………………………… (166)
　　9.1.5　目的句 ……………………………………………… (167)
9.2　并列类复句 …………………………………………………… (167)
　　9.2.1　并列句 ……………………………………………… (167)
　　9.2.2　连贯句 ……………………………………………… (168)
　　9.2.3　递进句 ……………………………………………… (169)
　　9.2.4　选择句 ……………………………………………… (170)
9.3　转折类复句 …………………………………………………… (170)
　　9.3.1　转折句 ……………………………………………… (171)
　　9.3.2　让步句 ……………………………………………… (171)
　　9.3.3　假转句 ……………………………………………… (172)

第10章　语气词 ………………………………………………… (174)
10.1　语气 ………………………………………………………… (174)
10.2　语气词 ……………………………………………………… (175)
　　10.2.1　时体语气词 ………………………………………… (177)
　　10.2.2　一般语气词 ………………………………………… (182)

参考文献 ………………………………………………………… (190)
后　记 …………………………………………………………… (196)

第 1 章　引言

1.1　固始县地理人文概况

固始县位于河南省东南端，豫皖两省交界处。东与安徽省霍邱县相接，西、西北、西南分别与本省的潢川县、淮滨县、商城县相连，南与安徽省金寨县接壤，东南角毗邻安徽省叶集区，北与安徽省阜南县相望。南依大别山，北临淮河，属华东与中原交融地带。地理位置处于东经 115°21′—115°56′，北纬 31°46′—32°35′。南北最大长度为 94.16 公里，东西最大宽度为 56.19 公里，总面积 2946 平方公里。辖 30 个乡镇、3 个街道办事处。它们分别是：胡族铺镇、汪棚镇、方集镇、段集镇、武庙集镇、祖师庙镇、陈淋子镇、黎集镇、石佛店镇、张广庙镇、泉河铺镇、分水亭镇、蒋集镇、陈集镇、往流镇、李店镇、郭陆滩镇、沙河铺镇、徐集镇、三河尖镇、张老埠乡、洪埠乡、杨集乡、观堂乡、南大桥乡、丰港乡、柳树店乡、赵岗乡、马堽集乡、草庙集乡、蓼城办事处、番城办事处、秀水办事处。户籍人口 185 万，常住人口 103.29 万，是河南省人口第一大县。其中汉族人口占 98.8%，回族、壮族、蒙古族、藏族、彝族等共占 1.2%，人口密度为 351 人/平方千米。

固始县地势南高北低，从西南向东北倾斜。最高点为大别山脉的曹家寨山，海拔 1025.6 米，最低处为史灌河入淮口，海拔 22.4 米，也是河南省最低点。南部群山起伏，峰峦叠嶂，主要有曹家寨山、五尖山、大扬山、奶奶庙山、皇姑山、富金山、妙高寺山、萝卜山等。中南部、西部为丘陵垄岗地带，东部是平原及孤残丘，北部属浅丘和低洼易涝区。由于境内地形多样，山区、丘陵、平原、洼地、湿地、滩地兼备，故有"地理百科全书"之称。淮河蜿蜒于西北边界，县内主要有史河、灌河、泉河、白露河、春河、长江河等河流。各种地形的面积占比中，丘陵、孤岗约占43.6%；平原约占33.6%；山区约占9.2%；沿淮低洼区约占8.3%；河道及行洪滩地约占5.3%。

固始县地处江淮西部，淮河南岸，气候学上的0℃等温线压境而过，属北亚热带向暖温带过渡的季风性气候区，为南北气候过渡地带。固始县气候温和，雨量充沛，四季分明，温度适中。1月平均气温2℃，7月平均气温29℃，年均气温16℃，年平均日照2139个小时，无霜期228天。

固始县土壤分为水稻土、黄棕壤土、潮土和黑土四大类。水稻土约占70.44%，黄棕壤土约占18.22%，潮土约占10.02%，砂姜黑土约占1.31%。土壤有机质含量在0.32%—3.04%。

物产资源比较丰富。矿资源主要有无烟煤、石灰石、水晶石、石棉、石煤、磷灰石、黄铜、金、银、褐铁等。野生动物有豹、狼、狐狸、野猪、水獭、獾、貂等20余种。药用植物有800多种，如半夏、苍术、天葵子等，药用动物也比较多，有蛇、蝎、鳖、龟、蜈蚣、土原等50多种。

1.2　固始县历史沿革

固始县亦称蓼城、蓼都，其历史悠久，源远流长。夏、商时期为蓼国地（蓼故都在固始县东北的蓼城岗遗址），西周为蓼、蒋、黄、潘等国地。春秋中期，楚灭此地诸国，建期思县，固始县彼时为期思县之潘乡，又名寝丘邑。潘乡是楚国丞相孙叔敖的"桑梓汤沐之乡"，他所修筑的"期思陂"，是我国有文字记载最早的渠、陂配套水利工程。孙叔敖死后，楚庄王封其长子侨于寝邑，"食邑四百户"。秦朝时推行郡县制，固始县为九江郡期思县，郡治所在今安徽省寿县。西汉属汝南郡，其间又属六安国，治所在今安徽省六安市附近。东汉时，固始县属庐江郡，治所在今安徽省庐江县附近。建武二年（26），光武帝刘秀封其妹婿大司农李通为固始侯，县名由此改为固始，沿用至今，已有近两千年。关于固始县名，明嘉靖固始县志记载："史记正义曰，孙叔敖以寝丘土寝薄取为封邑，李通慕叔受邑，光武嘉之，改名固始。臣按：县名曰方此，岂因通与帝首事，欲其坚固初始欤？"可见，固始县名是取"坚固通始"之意。三国时固始县属魏国的安丰郡，治所在今安徽省霍邱县。西晋时循魏制。东晋时安丰郡并入弋阳郡，治所在今河南省光山县。南北朝时期，固始县多属南朝。宋时属豫州新蔡郡，梁时属光州，陈时属边城郡，北齐时属新蔡郡，北周时属浍州，固始为治所，固始也改名浍州。隋开皇初废浍州，复名固始，并改属弋阳郡，治所在今河南省光山县。唐代改弋阳郡为光州，治所在今天的河南省光山县。太极元年（712）治所由光山县移至定城，即现在的潢川县城南部。五代十国，固始县先属吴国，继属南唐，后属北周。两宋时期隶属淮南西路的光州。元至元十二年（1275）属河南行省蕲黄宣慰司光州，后改属淮西宣慰司，随后又改属汝宁府光州。明洪武元年（1368）设中都临濠府，固始县也由汝宁府改辖中都临濠府，治所在今天的安徽凤阳县。洪武六年（1373）改中都临濠府为中立府，洪武七年（1374）又改为凤阳府。洪武十三年（1380），固始县又复归汝宁府管辖。清初循明制。雍正二年（1724）实行直隶制度，固始由隶属汝宁府改为直隶河南行省。清光绪末年至民国元年属河南行省汝光道。1913年属豫南道，1918年属汝阳道，1927年属豫南行政区，1933年属第九行政督察区。新中国成立初期属潢川专区，1952年改属信阳地区。1998年撤销信阳专区，设立地级信阳市，2004年改省扩权县，2011年改省直管县。

固始县自古风俗敦厚，重教化，尚礼仪，人杰地灵。自春秋孔子弟子七十二贤之一的公祖句兹到清代植物学家吴其濬，其间两千余年，进士、举人辈出，以致康熙年间固始县令杨汝楫书曰："汝南文化，固始为最。"

固始县地处南北要冲，自古为兵燹之地，历代常有氏族离别。据《固始县志》（1994）记载，西汉王莽乱，众多缙绅携家徙居江南。东汉末，固始县曾虚其地。西晋永嘉之乱，曾有陈、林、黄、郑、何、胡、詹、邱等姓，"衣冠"入闽。唐初，将军陈政奉诏带领将校123员、府兵3600名入闽"绥靖"，随后又有其兄陈敷、陈敏奉诏带领固始"五十八姓"军校、兵士及眷属入闽增援，遂于闽南故绥安（今云霄）地开屯种田，安家落户。陈政儿子陈元光，于垂拱二年（686）

开建漳州，被誉为"开漳圣王"。唐末，王潮、王审邽、王审知兄弟三人带领固始5000多名乡民，随王绪农民起义军转战入闽。景福二年（893）王审知统一全闽，后梁封其为闽王。此后，固始与闽地的联系更为密切。

1.3 固始方言概况

1.3.1 固始方言的系属

根据2012年版《中国语言地图集》的划分，固始方言属于北方官话的中原官话信蚌片。作为北方官话的一种，它具有北方官话的一些普遍特点。如全浊声母今读塞音、塞擦音的，平声为送气清音，仄声为不送气清音；辅音韵尾只有[-n][-ŋ]两个鼻辅音；声调平分阴阳，全浊上声变去声；轻声现象较普遍；第三人称单数用"他"；家禽、家畜表性别的语素在前等。

但固始方言的中原官话特征并不突出。中原官话最典型的特征是古清、次浊入声今读归阴平，全浊入声今读归阳平。但固始县却是古清、次浊入声今读归阴平，全浊入声今读一半归阴平，一半归阳平。这种情况跟固始县的地理位置及历代政区沿革息息相关。地理位置上，固始县几乎处在河南省中原官话区的最南部，它向南靠近湖北鄂东的江淮官话黄孝片，东接安徽六安的江淮官话洪巢片。政区沿革上，固始县在隋朝以前多跟安徽六安市同属一个行政区，隋朝至明朝之间又时常跟湖北黄冈同属一个行政区。也就是说固始县在明朝以前多跟安徽、湖北联系密切，而跟河南联系不紧。正是这种特殊的地理位置和历代政区沿革，造成固始方言的中原官话特征不明显，反而具有江淮官话的一些特点，如语音上[n l]相混，[ən in]与[əŋ iŋ]相混，语法上有"连V是V"格式及"可VP"反复问等。

1.3.2 固始方言语音系统

固始方言无论在语音、词汇还是语法方面，都有一定的内部差异。这种差异最明显的表现是语音。比如北部的往流镇、蒋集镇[n l]不混，[ən in]与[əŋ iŋ]不混；西部的胡族铺镇和马堽集乡[f x]相混，南部的方集镇、段集镇的山合一端、精组字没有［-u］韵头，如"团［ɕtʻan］""段［tan꜋］""酸［ɕsan］"等①。城关、郭陆滩镇、南大桥镇、黎集镇等绝大多数乡镇则［n l］不分，［f x］不混，［ən in］与［əŋ iŋ］不分，山合一端、精组有［-u］韵头。本书的固始方言特指郭陆滩镇方言。郭陆滩镇的方言特点跟城关基本一样，完全能代表固始方言。下面为固始方言的声韵调系统。

1.3.2.1 声母系统（18个）

p 百劈步绑	pʻ 跑盆片胖	m 毛煤面忙	f 废符福风
t 夺代赌胆	tʻ 同铁填唐		l 老难怒炉
ts 糟再猪庄	tsʻ 次昌船处	s 散岁试双	z 软惹肉荣
tɕ 尖军酒经	tɕʻ 气七清穷	ɕ 写细选向	
k 国古干故	kʻ 开快哭扛	x 胡火换红	
ø 文延一约			

说明：

① ［t tʻ ts tsʻ s］的发音部位略靠后。
② ［k kʻ x］在与细音韵母相拼时，舌位前移，实际音值为［c cʻ ç］。
③ 合口呼零声母字的［u］韵头的触唇动作较为明显。

1.3.2.2 韵母系统（38个）

ɿ 紫司纸实	i 递地急医	u 出独服午	y 雨遇去鱼
a 八塔答洒	ia 假下架亚	ua 抓化花挖	
ɛ 射色债筛	iɛ 姐写茄黑	uɛ 摔乖筷外	yɛ 诀缺穴阅
ɤ 河喝合饿			
o 波剥泼摸		uo 捉落郭我	yo 岳嚼雀药
ei 妹泪退脆		uei 归亏贵桂	
au 烧稻保曹	iau 跳票交腰		
ou 周绿鲁楼	iou 九邱留邮		
an 竿含扇胆	ian 典减检脸	uan 蒜短船弯	yan 泉选拳园
en 根登孙藤	in 林琴星营	uen 滚昆荤温	yn 军群勋云
aŋ 胀让瓤伤	iaŋ 江娘抢央	uaŋ 逛床矿望	

---

① 年轻人现在有［-u］韵头了。

eŋ 东木农聋　　　　　　　　ueŋ 翁瓮

　　　　　　　　　　　　　　uŋ 功重虫松　　yŋ 熊胸兄穷

n̩ 你嗯　　　　ŋ̍ 嗡蜜蜂等的叫声

说明：

① [i u y] 韵母出现在零声母后，其摩擦性较为明显。

② [a ia ua] 等韵母中 [a] 的比 [ᴀ] 偏上靠前，[an ian yan] 等韵母中 [a] 的实际音值介于 [æ a] 之间，[aŋ iaŋ uaŋ] 中的 [a] 实际音值接近 [ɐ]，[au iau] 的动程较短，音素 [a] 的唇形较圆，实际音值接近 [ɔ]。

③ [iɛ] 中 [ɛ] 的舌位较偏后。

④ [o uo yo] 等韵母中的 [o] 的舌位略高，接近 [ɯ]。

⑤ [ei uei] 中的 [e] 的舌位稍高、偏后。

⑥韵尾 [n] 没有舌尖接触齿龈的动程，韵尾 [ŋ] 没有舌根接触软腭的动程，因此 [an ən aŋ əŋ] 等鼻韵母都有鼻化韵色彩。

1.3.2.3 声调系统（4 个单字调）

调类	调值	例字
阴平	213	归山超高烟麦说热
阳平	55	谁墙移常物默质学
上声	24	枣水早椅嘴厂买李
去声	51	大事丈练见是账厚

说明：

①阴平的起点没有到 2，也可以记为 113。

②阳平稍短促，音高有时不到 55，也可记作 44。

1.3.3 本书的调查情况

本书主要以固始县郭陆滩镇为方言调查点。因为写的是家乡方言，故采取"内采外证"的方法。即在以自己为调查对象的基础上，也广泛求证于他人。主要有：

许家中，男，1953 年出生，固始县郭陆滩镇人，高中文化，一直生活在郭陆滩镇。

易乃友，男，1952 年生，固始县郭陆滩镇人，小学文化，一直生活在郭陆滩镇。

蒋涛，男，1973 年生，固始县郭陆滩镇人，研究生文化，常年生活在郭陆滩镇。

王连敏，女，1977 年生，固始县郭陆滩镇人，本科文化，常年生活在郭陆滩镇。

陈东升，男，1973 年生，固始县郭陆滩镇人，高中文化，常年生活在郭陆滩镇。

李学强，男，1973 年生，固始县郭陆滩镇人，大专文化，常年生活在郭陆滩镇。

易成敏，女，1974 年生，固始县郭陆滩镇人，大专文化，常年生活在郭陆滩镇。

李有珍，女，1948 年生，固始县郭陆滩镇人，小学文化，一直生活在郭陆滩镇。

1.3.4　本书的符号说明

①例句前边加＊号表示没有这种说法。

②例句前边加？号表示这种说法比较可疑，特殊语境下虽可以说，但不太自然。

③有音无字的用□表示，某字后面加上标的＝符号表示该字为同音字。

第 2 章　词缀

普通话的词缀主要有前缀"初、第、老",后缀"子、儿、头、们"等。固始方言除了没有"儿"外,其他词缀均有。固始方言的词缀虽跟普通话差不多,但用法却很有特点,尤其是后缀"子""头"与前缀"老"。下面主要讨论这三个词缀。

2.1　子

后缀"子"的使用十分普遍,不仅许多名语素后面加"子",就是某些动语素、形语素后面也可以加"子"。

2.1.1　名语素后面加"子"

2.1.1.1　单音节名语素

1) 被附成分不成词,"子"主要起词化的作用。如:

裤子 | 褂子 | 袄子 | 帽子 | 裙子 | 袜子 | 袖子 | 领子 | 轿子 | 叶子 | 罐子 | 铲子 | 蚊子 | 鸭子 | 篓子 | 盘子 | 杯子 | 桌子 | 椅子 | 凳子 | 篮子 | 炉子 | 梯子 | 笆子 | 机子机器 | 轮子 | 胰子 | 把子 | 窖子 | 蹄子 | 枣子 | 杏子 | 橙子 | 栗子 | 酵子 | 痦子 | 巷子 | 性子 | 角子 | 饺子 | 沙子母水牛 | 牯子公水牛 | 膀子翅膀 | 厨子厨师 | 尾子 | 渣子 | 囗[ᶜtsa]子陶制品、玻璃制品等的碎片 | 底子 | 囗[ᶜxuei]子麻将用语 | 冠子形状像帽子或在顶上的东西 | 丫子上端分叉的东西 | 边子边缘 | 沿子(物体的)边 | 头子₁物品的残余部分 | 头子₂物体的顶端或末梢 | 圩子 | 囗[iau]子稻草或竹条等拧结而成的索状物,多用于捆缚水稻和小麦等农作物 | 衁[xuaŋ]子牲畜的血 | 鞠子靴子或袜子的筒儿

2) 被附成分是成词语素，独用时多作量词，加"子"后转为名词。如：

箱子｜盒子｜样子｜点子｜条子｜个子｜本子｜片子_{小孩尿布}｜格子｜袋子｜口子

3) 被附成分是成词语素，但带"子"后改变意义转指另一类事物。如：

腿子_{器物下部像腿一样起支撑作用的部分}｜嘴子_{形状或作用像嘴的东西}｜缸子｜面子｜心子｜头子₃_{首领、为首的人}｜妈子_{女性乳房；奶水}｜奶子_{女性乳房}｜鼻子_{鼻子；鼻涕}｜女子_{女儿}

4) 被附成分成词，加"子"后也成词，但意义没变化。这种情况不多，常见的有"车子｜啥子_{什么}｜瓶子"等。

上述的"子"尾词大都可以扩展，扩展的形式多为偏正式短语。如"铲子"有"菜铲子、锅铲子、铁铲子"等扩展式；"篮子"有"菜篮子、吊篮子、棉花篮子"等扩展式；"桌子"有"大桌子、小桌子"等扩展式；"胰子"有"香胰子_{香皂}、臭胰子_{肥皂}"等扩展式；"袋子"有"塑料袋子、蛇皮袋子"等扩展式；"尾子"有"酒尾子、苦尾子"等扩展式；"底子"有"鞋底子、老底子"等扩展式。

有些"子"尾词的扩展形式还特别多。如"边子"可以扩展为"外边子_{事物的外边}、里边子、墙边子_{墙边}、左边子_{左边}、右边子、东边子_{东边}、西边子、南边子、北边子"；"沿子"可以扩展为"里沿子_{事物的里沿}、外沿子、边沿子、床沿子、桌沿子、杯沿子、锅沿子、缸沿子、井沿子、塘沿子_{水塘边}、水沿子_{水边}"；"头子₁"可以扩展为"坯头子₁_{碎土坯}、泥巴头子_{小泥块}、□[$_c$tsa]巴头子₁_{意义等同"泥巴头子"}、裤头子₁_{短裤}、笔头子₁、零头子₁、布头子₁"等；"头子₂"可以扩展为"鞋头子、手头子₂_{手指头}、脚头子₂_{脚指头}、肩膀头子₂_{肩膀}、两头子₂_{物体的两端}、大头子₂_{物体中比较的大的一端}、小头子₂、妈头子₂_{乳房}"；"头子₃"可以扩展为"土匪头子₃、特务头子₃"等。

2.1.1.2 双音节名语素

1) 被附成分完全不能单说，加"子"后成为一个词。如：

背锅子_{驼背的人}｜地梨子_{荸荠}｜狼巴子_狼｜泥狗子_{泥鳅}｜麻炸⁼子_{喜鹊}｜老马子_{老婆}｜锉把子_{个头矮的人}｜花□[$_c$xuei]子_{戏曲角色中的净角，多用于形}

容脸脏的小孩子

2）被附成分虽能单说，但说起来极为别扭，加"子"后才显得自由灵活。如：

腮泡子｜肚脐子｜脚板子｜嘴唇子｜心口子心口窝｜下颚［$_ck'ɤ$］子下巴｜肩膀子｜裤衩子短裤｜撑竿子雨伞｜廊台子走廊｜围嘴子涎布｜罩笆子塑料篮子｜瓷钵子搪瓷盆｜碗盆子装菜用的瓦盆｜锁耙⁼子钥匙｜轱辘子轮子｜滚辘子同"轱辘子"｜□［$_c$laŋ］耙子竹耙｜地梨子荸荠｜油果子｜泥狗子泥鳅｜当门子堂屋｜□□［$_c$k'iɛ^{c}lau］子膝盖｜螺拐子脚踝骨

3）被附成分能单说，加"子"后也能单说，意义上也没什么变化。如：

柜门子柜门｜麻花子｜窗户子｜灯泡子灯泡｜东边子东面｜西边子西面｜南边子南面｜北边子北面｜小鱼子｜小鸡子｜小鹅子｜小狗子｜小猪子｜多咱子什么时候｜正咱子现在

上述的被附成分，有的本身就为一个词，如"麻花、窗户、灯泡、东边"等；有的则为一个短语，如"小鱼、小鸡、小鹅、小狗"等，但它们加"子"后都成为一个词。

4）被附成分可以单说，加"子"后改变意义转指另一类事物。如：

老爷子父亲，背称｜老婆子丈夫的母亲，背称｜小舅子妻子的弟弟，背称｜大舅子妻子的哥哥，背称｜小姨子｜大姨子｜二流子｜歪腿子腿脚不便的人｜斜眼子眼睛斜视的人｜上边子供桌｜门路子农村的庭院门楼

这些词语加"子"与不加"子"，意义不同。如"老爷"指爷爷，"老爷子"指父亲；"老婆"指妻子，"老婆子"指丈夫的母亲；"小舅"指排行较小的舅舅，"小舅子"指妻子的弟弟。

5）被附成分是时间名词，加不加"子"其意义和用法没有区别，只是加"子"后会显得灵活自由些。如：

今年子今年｜明年子｜后年子后年｜来年子来年｜前年子前年｜往年子往年

这种"双音节＋子"的词，从形式上看很像"单音节＋子"的扩展形式，但二者有本质上的不同。"单音节＋子"的扩展式本质上属短语，"双音节＋子"则相当于词。下面以"小鹅子"和"小桌子"为例进行说明。

"小鹅子"为"小鹅+子",而不是"'小'+'鹅+子'",因为"鹅"的后面是不能直接加"子"的。即"小鹅子"为"双音节+子"形式,本质上相当于一个词,中间不能添加其他成分进行扩展,如不能说"小的鹅子"。"小桌子"为"'小'+'桌+子'",而不是"小桌+子"。即"小桌子"是"桌子"的扩展式,是一个短语,中间可以添加其他成分进行扩展,如可以说"小的桌子"。

2.1.1.3　多音节名语素

多音节的"子"尾词较少,常见的有以下几个:

癞呆═猴子_{癞蛤蟆}｜白骨═眼子_{眼睛斜视的人}｜盐灭═胡═子_{蝙蝠}｜火明虫子_{萤火虫}｜家什头子_{小气吝啬的人}｜迷信头子｜自怪头子_{独来独往、不太合群的人}｜菜园门子｜堂屋门子

这些多音节语素,有的本身不成词,不能单说,如"癞呆═猴"。有的本身就是一个独立的词,能单说,加"子"后语义也没有变化,如"家什头、迷信头、自怪头"。有的则是一个短语,加"子"后成为一个词,如"菜园门、堂屋门"。

2.1.2　动语素后加"子"

1) 表工具。如:

起子｜凿子｜刨子｜锤子｜扳子_{扳手}｜夹子｜舀子｜耙子｜推子｜剪子_{剪刀}｜冲子｜錾子｜拍子｜撑子_{多指晾衣撑子}

2) 表事物。如:

摊子｜印子｜盖子｜包子｜套子｜扣子｜吊子｜跑子_{赌注}｜卡子｜垫子｜捆子｜挑子｜裂子_{小的裂缝}｜帮子_{物体两旁或周围的部分}

这种"子"尾词也有不少扩展形式。如"盖子"有"井盖子、杯盖子、手盖子_{手指甲}、脚盖子_{脚指甲}"等扩展式,"垫子"有"鞋垫子、车垫子、螺丝垫子"等扩展式,"捆子"有"稻捆子、麦捆子"等扩展式。

3) 表人物,这种较少。如:

贩子｜拐子｜骗子｜脱子_{扒手}｜豁子[①]_{唇腭裂患者;田埂上用来灌溉排水用的}

[①] 指唇腭裂患者时也可说成"豁嘴子"。

小豁口；豁口

4）虽加"子"，但名词化并不明显，略含有一种动作行为。如：

串门子_{串门}｜毛估子_{粗略地估计}｜毛打子_{粗略地估计；就算如此}｜接下角子_{多嘴}｜翻眼皮子_{小的对老的翻脸或不听从}｜约莫子_{大概估计}

2.1.3　形语素后加"子"

1）表事物。如：

尖子_{事物末端细小的部分；喻指出类拔萃的人；扑克牌中Ace}｜弯子_{事物中弯曲的部分}｜圆子_{丸子}｜白子_{事物的白色部分}｜青子_{事物的绿色部分}｜黄子_{蛋黄}

上述的"子"尾词有不少扩展形式。如"尖子"可以扩展为"针尖子、笔尖子、命尖子、心尖子、老尖子_{扑克牌中的Ace}、红桃尖子_{扑克牌中的红桃Ace}"，"圆子"可以扩展为"萝卜圆子、绿豆圆子"，"白子"可以扩展为"萝卜白子、蛋白子"。

2）表人物。如：

歪子_{腿脚不灵便的人}｜瘦子｜胖子｜疯子｜干巴子_{比较瘦的人}

从以上例子可以看出，固始方言的"子"尾现象非常普遍，许多单音节或双音节语素都能加"子"尾。这在人的乳名和扑克牌中也可见一斑。

人的乳名常常带"子"。无论是单音节还是双音节，后面一般都加"子"，如"玲子、财子、芳子、巧子、黑毛子、李忠子、张松子、大林子"等。但三音节的后面可加可不加，视习惯而定，如"张小末子、陈兴义子、孙铁头、王大嘴"。

扑克牌的每一张牌的名字后面也都可以加"子"。如"（小）二子_{扑克牌中的2}""（小）三子""（小）四子""（小）五子""（小）六子""（小）七子""（小）八子""（小）九子""（大）十子""（老）丁子 J""（老）圈子 Q""（老）□[ᶜkˑɛ]子 K""（老）尖子 Ace""小猴子_{小鬼}""大猴子_{大鬼}"。

此外，以实语素"子"为词根的偏正式结构，若后加"子"缀后，可表事物的细小。如"面子子_{特别细小的面疙瘩}、沙子子、石子子、雪子子_{雪霰}、枪子子_{子弹}、泥巴子子_{比较小的土块}、末子子_{排行最小的儿子}、砖头子子、蛋子子_{睾丸}、炮子子_{詈词，多用于骂小孩}、熊子子_{詈词，义同'炮子子'}、尿子子嗯词，义同'炮子子''熊子子'"等。

2.2 头

后缀"头"既可以放在名语素后面，也可以放在动语素、形语素后面。

2.2.1 名语素后面加"头"

1）与"头"一起构成普通名词。如：

榔头｜拳头｜砖头｜骨头｜罐头｜石头｜墙头｜橛头｜舌头｜风头｜斧头｜钟头｜劲头｜年头｜木头｜老人头100元的钱｜手头喻指收入｜孩子头像孩子一样顽皮的人，含贬义｜月亮头非满月的月亮｜赚头猪舌头｜舅子头孩子的舅舅，略含贬义｜日头太阳｜芋头红薯

2）与"头"一起构成方位名词。如：

前头｜后头｜上头｜里头｜外头｜东头｜西头｜南头｜北头

2.2.2 动语素后面加"头"

1）附在动语素后，表对动作行为的一种评议，含有"值得"之意。如：

玩头｜教头｜逛头｜踢头｜奔头｜慌头义同"奔头"｜看头｜写头｜弄头

2）附在动语素后，一起构成名词，动语素已不含有动作行为之意。如：

锄头｜枕头｜念头｜醒头睡觉时很警觉｜跟头｜来头

2.2.3 形语素后面加"头"

这种较少，常见的有"高头上面｜甜头｜苦头｜迷信头非常迷信的人｜自怪头独立独往、不太合群的人｜□□ [ᶜtɕiou·tɕin] 不明事理的人｜□□ [kiɛᶜ·ku] 头义同'自怪头'｜家什头小气吝啬的人｜□□ [kuᶜ·ʂ] 头没事总爱发出'哼''吭'声音的人"等。

2.3 老

"老"是个前缀，其用法可细分为八类。

1) 既含有亲昵意味，又有"最小"含义。如：

老侄子｜老儿子｜老女子｜老憨子小儿子｜老□[ˉleŋ]小女儿

2) 只有"最小"含义。如：

老爹｜老舅｜老娘姊娘中排行最小的｜老妈同"老娘"，"妈"读阴平｜老姈子

3) 含"排行小"但并非"最小"，且含有亲昵意味。如：

老弟弟弟｜老兄弟弟｜老妹妹妹｜老哥哥哥

4) 含有较亲昵的意味。如：

老妈妈妈，"妈"读阳平｜老爸爸爸｜老爷爷爷｜老奶奶奶｜老孙孙子或孙女｜老外₁外甥｜老伯父亲｜老大₁母亲

5) 略有不尊重，其构成的词多用于背称。如：

老马子妻子｜老干爷岳父｜老干娘岳母

6) 略含贬义。如：

老□[xɤˉ]说话不负责任的人｜老抢强盗｜老傻｜老愣对头脑不太灵活的人的贬称｜老油子对做某事比较有经验的人的贬称｜老□[ˉpiau]说话不算数的人｜老□[ˉtsuo]山猫，多用来骂人｜老尖爪小气、吝啬人的贬称｜老迷信头子对特别迷信的人的贬称｜老杂皮对农村没文化、土里土气比较难缠的人的贬称

7) 略含"年纪大""数量大"之意。如：

老爷子称呼自己的父亲；媳妇的公公｜老公公丈夫的父亲｜老婆子媳妇的婆婆｜老奶奶媳妇的婆婆｜老母猪生过崽的母猪｜老母狗生过崽的母狗｜老母鸡下过蛋的母鸡｜老公鸡成年的公鸡

上述"老"的"年纪大""数量大"并不明显。比如"老爷子""老公公""老奶奶"主要强调人与人之间的伦理辈分关系，而非年纪大小，其前面还可以加一些表年纪大小的词语，如"年轻的老爷子""年轻的老婆子""老老爷子""老老婆子"。"老母猪""老母狗"等主要强调生育，跟"年纪大"也没有明显关系，前面还可以加一些表年纪大小的词语，如"小老母猪""老老母猪""小老母狗""老老母

狗"。

以上七类中的"老",其语义并未完全虚化,可以看作一个准词缀。

8) 没有什么含义和色彩,完完全全的词缀。如:

老零蛋零分｜老鸭蛋义同"老零蛋"｜老末最后一名｜老外₂外国人｜老表｜老杠龙杠｜老鳖甲鱼;笨、不聪明的人｜老大₂单位、公司等里面的第一把手,也用于排行｜老一单位、公司等里面的第一把手｜老二单位、公司等的第二把手,也用于排行｜老吊吊车｜老石磙碌碡｜老鸹乌鸦｜老□［ua˨］子鹭鹚｜老鹰｜老丁扑克牌中的J｜老圈扑克牌中的Q｜老□［ˉk˙ɛ］扑克牌中的K｜老尖扑克牌中的Ace

值得一提的是,扑克牌中的"老丁、老圈、老□[ˉk˙ɛ]、老尖"中的"老",在以前应该含有"排行大""数量大"等语义。因为固始人在玩"五十K""斗地主"等扑克牌游戏时,如果是顺子,"老尖"最大,"老□[ˉk˙ɛ]"其次,"3"最小。并且"排行小""数量小"的牌一般都习惯加"小",如"小三子、小四子、小五子、小六子、小七子、小八子、小九子",扑克牌的"10"称为"大十子",而J、Q、K、Ace则分别叫"老丁、老圈、老□[ˉk˙ɛ]、老尖",显然这个"老"字应该带有"排行大""数量大"的语义①。不过随着"老"的虚化,这个语义目前已基本消失。

2.4 词缀"子""头""老"的合用

词缀"子""头""老"还可以合用。这里的词缀合用并不是指词缀的直接联合使用,而是合用的这些词缀并不处在同一个结构层次上。如"迷信头子"先是"迷信"与词缀"头"组合成"迷信头",然后再与词缀"子"组合成"迷信头子",其内部结构为"'迷信+头'+子"。即"头"为第一层次,"子"为第二层次。

固始方言词缀合用最常见的有两种。一种为"头"和"子"的合

---

① 扑克牌中的"2"在很多玩法中,都比Ace要大,仅仅次于大鬼、小鬼,但现在却被称为"小二子"。很可能在以前的玩法中,"2"具有"排行小""数量小"语义,故被称作"小二子"。后来玩法虽然改变,但这一称呼却保留了下来。

用，如"东头子｜西头子｜南头子｜北头子｜家什头子｜自怪头子"等。这些词的内部结构均同"迷信头子"。有些词语从形式上看很像词缀"头"和"子"的合用，如"布头子、手头子手指头、特务头子"等，但其实不是。"布头子、手头子手指头、特务头子"的"头"读［⸢t'ou］，为实语素，并不是词缀，它们均是先与后缀"子"构成"头［⸢t'ou］子"这个词，然后再扩展为"布头子、手头子手指头、特务头子"，即它们都是"头［⸢t'ou］子"的扩展式，属短语而不是词。并且从结构层次上看，"布头子、手头子手指头、特务头子"中的"头"和"子"均处在同一个结构层次上，也跟词缀"头""子"的合用不同。如"布头子"的内部结构为"'布'＋'头＋子'"。

另一种合用为"老"和"子"的合用。如"老丁子扑克牌中的J｜老圈子扑克牌中的Q｜老口［⸢k·ɛ］子扑克牌中的K｜老尖子扑克牌中的Ace"等。"老"和"子"的合用，其结构层次跟"头""子"的合用不同。"头""子"合用，"头"为第一层次，"子"为第二层次，如上文的"迷信头子"。而"老""子"合用的层次则可以有两种分析。一种是"老"在第一层次，"子"在第二层次。另一种是"子"在第一层次，"老"在第二层次。如"老丁子"既可以分析为"'老＋丁'＋子"，也可以分析为"'老'＋'丁＋子'"，且这两种分析方法都有道理。前一种分析方法，"老"在第一层次，"子"在第二层次；后一种分析方法，"子"在第一层次，"老"在第二层次。

第3章 代词

固始方言的代词可分为人称代词、指示代词和疑问代词三类。下面依次对其简单讨论。

3.1 人称代词

固始方言的人称代词包括三身代词和非三身代词两个类别。三身代词是以说话人为基点形成的三身关系代词。如第一身指说话人，第二身指听话人，第三身指对话双方以外的人。非三身代词是说话者根据主观愿望而选定的人称代词，如"别人""人家"等。

三身代词可以分为第一人称、第二人称和第三人称三类。第一人称代词单数为"我""俺"，第二人称代词单数为"你"，第三人称代词单数为"他"，复数标记为"几个""们"。非三身代词分为反称代词、旁称代词和分称代词三类。反称代词为"□ [ˬkan]""自己"，旁称代词为"人家""二旁人"，分称代词为"各"。值得注意的是，固始方言的人称代词没有谦称和敬称形式。

固始方言人称代词的大致情况见表 3-1。

表 3-1　　　　　　　　固始方言人称代词表

		单数	复数
三身代词	第一人称	我 [ˬuo]、俺 [ˬan]、老咱 [ˬlau ˬtsan]	我们 [ˬuo·men]、俺们 [ˬan·men]、俺（们）几个 [ˬan·men ˬtɕi·kɤ]
	第二人称	你 [ˬn̩]	你们 [ˬn̩·men]、你（们）几个 [ˬn̩·men ˬtɕi·kɤ]

续表

		单数	复数
三身代词	第三人称	他 [ᶜt'a]	他们 [ᶜt'a·men]、他（们）几个 [ᶜt'a·menᶜtɕi·kɤ]
非三身代词	反称代词	□ [⊂kan]、自己 [⊂tsʅ·tɕi]	
	旁称代词	二旁人 [ɛ⊇p'ang⊂zen]、人家 [⊂zen·tɕia]	
	分称代词	各 [ᶜkɤ]	

从表3-1中可以看出，固始方言的人称代词系统与北京话有相同之处，也有不同的地方。下面主要讨论跟普通话不同的地方。

3.1.1　第一人称单数"我""俺""老咱"的用法

先讨论"我"。"我"在句中可以作主语、宾语和定语。如：

（1）我上街上买盐去啦。

（2）你出去这么长远，可想我蛮你出去这么久，想我了没有？

（3）这是我的东西，你别拿错了。

"我"在口语中一般不能直接修饰亲属称谓。如不说"＊我爷""＊我爹""＊我哥""＊我弟"。

"俺"的口语色彩很浓，在句中主要作主语和定语。如：

（4）俺今个在家里，哪都没去。

（5）俺家里昨个昨天来客客人啦。

"俺"作主语和定语时，有时却不指说话人。如：

（6）这都是俺的东西，谁也不得戳不会拿。

（7）俺又没惹你，你咋随便打人？

例（6）中，大人为了哄孩子高兴，便以第一人称的口吻对孩子说话，此时的"俺"实为听话人，即第二人称。例（7）中，当大人发现自己的孩子被其他人（不是孩子的亲人）打后，怒斥对方时便会说这句话，此时"俺"实际上为对话双方以外的人，即第三人称①。

"俺"很少作宾语，有时虽作了宾语，但实际上却不是指说话人。如：

（8）耶表惊讶的语气词？今个可是是不是谁说批评俺唠语气词？

（9）大姑父，下次别忘啦给俺买一个好语气词！

上述的句子一般都需要一定的场景。如例（8），若大人发现孩子满脸不高兴，受了很大委屈，猜测可能挨了批评，便会说这句话，其目的是为了安抚孩子。再看例（9），若大人发现孩子的大姑父因没给孩子买东西（如玩具）而导致孩子闷闷不乐，这时就会当着大姑父及孩子的面说这句话，其目的是为了哄孩子开心。此时的"俺"表面上是对话双方以外的人，实际却为听话人，即安抚的对象，语义上相当于第二人称，而非第一人称。

此外，"俺"可以直接修饰亲属称谓，如"俺伯我父亲""俺大我母亲""俺哥""俺大舅""俺二娘"等。

"老咱"② 具有较强的感情色彩，常表达说话者的一种高傲、自信，甚至无所谓的态度，它在句中可以作主语、定语。如：

（10）老咱今个今天没得时间，就［tou˧］③ 不去啦。

（11）有没有老咱的东西？

（12）老咱就是心情不好，咋的啦？

"老咱"一般不能作宾语，也不能修饰亲属称谓词。

"老咱"也可以和"俺"连用，语义不变。如：

（13）这是俺老咱的店。

（14）俺老咱啥都不缺，就缺钱。

3.1.2 第一人称单数"我""俺""老咱"的差异

"我"和"俺"虽均为第一人称代词，但在语法功能、语义和语用色彩方面都有很大不同。

---

① 当然"俺"也可理解为听话人，因为说话人说这句话时，其实也是对着"俺"说的。

② "老咱"疑为代词"咱"前加词缀"老"形成的。不过固始方言目前并没有"咱"这个代词，但很可能以前有。

③ 副词"就"在固始方言读［tou˧］。

1) 语法功能不同。"我"可以作宾语，而"俺""老咱"很少作宾语。如：

(15) 这个学生刚来，还认不得我。

(16) 他不在家，你把东西给我吧。

上述例中的宾语"我"均不能换为"俺""老咱"。如不能说：

(17) *这个学生刚来，还认不得俺/老咱。

(18) *他不在家，你把东西给俺/老咱吧。

"俺"有时虽做宾语，但并不指说话人。如：

(19) 俺不就小唠来语气词，都来欺负俺。

(20) 俺□[tsen˥]么这么小，你打俺弄啥呢？

上述的"俺"其实均非说话人，详细论述见上。而"我""老咱"均不具备这种用法。

另外，"俺"可以修饰亲属称谓词，如可以说"俺爷""俺老弟我的弟弟""俺兄我的弟弟"。但"我""老咱"不能，如不说"*我/老咱爷""*我/老咱老弟""*我/老咱兄"。

2) 语义不同。"我""俺""老咱"中，"我"和"老咱"只有排除式用法，没有包括式用法。如：

(21) 这是我的东西。

(22) 老咱家里今个今天要放电影。

上述例子的"我""老咱"都只指说话人。

"俺"作主语时只有排除式，没有包括式用法。如：

(23) 俺也想知道这是咋回事。

(24) 时候不早啦，俺现在回去啦。

若"俺"作定语时，当其修饰的中心语也为听话人所有，则具有包括式用法，否则为排除式。如：

(25) 大哥，俺老伯父亲呢？

(26) 队长，俺大队啥时候才能来电呀？

(27) 老李，这才是这是俺的书包。

例(25)、例(26)中的"老伯、大队"为说话人和听话人所共有，此时的"俺"为包括式，相当于"我们"。例(27)中的"书包"不为说话人和听话人所共有，因此为排除式。

3）语用色彩不同。"俺"口语色彩浓厚，基本不用于书面语。"我"多见于书面语和中青年人口中，老年人使用相对较少。"老咱"的感情色彩很强，常表达说话者的一种高傲、自信，有时还带有无所谓的态度。因此当说话者使用"老咱"时，若对话双方不太熟悉，比较容易引起听话者的不适，进而引发矛盾。

此外"俺"还能表达亲昵及疼爱的感情色彩，进而拉近与听话者的距离，让听话人产生亲近感。上文中的"俺"可以转指第二人称代词"你"，其实就是说话人用第一人称口吻称呼听话人，表达说话者的一种亲昵及疼爱的感情色彩。若"俺"的对象为孩子，说话人还会模仿孩子那种奶声奶气的声音，这时亲昵及疼爱的感情色彩会更为明显。"我""老咱"均无这种语用色彩。

3.1.3　三身代词的复数标记"几个"

固始方言的复数标记除了"们"外，还有"几个"。"几个"常用在人称代词"俺""你""他"后面，在句中既可以作主语，也可以作宾语和定语。如：

（28）俺几个别慌去_{我们不要急着过去}。
（29）我不喜欢他几个。
（30）你几个的书包弄哪去啦？

如果人数确定，也可以用具体的数量词作复数标记。如：

（31）俺两个一般高_{我俩一样高}。
（32）他三个迟到啦。
（33）俺九个今个去看电影啦。

"几个""具体数量词"只能位于人称代词"俺""你""他"后面，但不能位于"我"的后面，如不说"我几个""我四个"。

具体数量词"两个""三个"经常会合音为"俩""仨"。如：

（34）他俩一点也不听话。
（35）他谁都不说_{批评}，就说俺仨。

表复数标记的"具体数量词"一般为十个以下。如果十个以上仍用具体的数量词作复数标记，则主要是为了强调。如：

（36）今个没来_{好些多少}，也就俺二十一个。

(37) 俺十九个也不是好惹的。

"几个"除了用在人称代词后，也可以用在亲属称谓词后面表复数。如：

(38) 爷几个父子几个还没回来。

(39) 她娘几个母子几个今个没烧锅做饭。

(40) 妯几个妯娌们关系不太好。

(41) 你哥几个上哪去啦？

"具体数量词、俩、仨"跟"几个"一样，也可以用在亲属称谓词后面表复数。如：

(42) 他爷四个都不讲理。

(43) 你娘俩今个做了不少活。

(44) 他哥仨赶集去啦。

"几个、具体数量词、俩、仨"也不是在任何情况下都可以放在亲属称谓词后面表复数。一般来说，只有以下两种情况才可以用在亲属称谓词后面表复数。其一，父母、哥哥、姐姐等亲属称谓词后面，如"爷几个父子几个、娘四个母子四个、哥三个、姐俩"等，但不说"*姑姑几个、*舅舅四个、*弟俩、*妹仨"。其二，集体名词后面，如"姑□[ₒsʅ] 四个姑姑侄儿等四个、妯几个、弟兄俩"等。

3.1.4 非三身代词

固始方言的非三身代词有反称代词"自己 [ₒtsʅ·tɕi]、□[ₒkan]"，旁称代词"人家 [ₒzen·tɕia]、二旁人 [ɛ˨˩ₒpʻangₒzen]"和分称代词"各 [ᶜkɤ]"。先讨论反称代词。

3.1.4.1 反称代词

固始方言的反称代词有"自己"和"□[ₒkan]"两个。由于"自己"跟普通话"自己"的用法大致相同，下面只讨论"□[ₒkan]"。

"□[ₒkan]"也可读成"□[ₒkaŋ]"，它既可以复指前面的代词，也可以复指前面的名词。所复指的代词可以是单数，也可以是复数，在句中作主语、宾语或定语。如：

(45) 你爹妈父母不在家，要学会照顾你□[ₒkan]。

(46) 你们□[ₒkan] 的事情你们□[ₒkan] 弄。

（47）这狗□[ɕkan]上街去啦。

"□[ɕkan]"复指名词时，名词既可以为有生命名词，也可以为无生命名词。如：

（48）这猪□[ɕkan]跑回来啦。

（49）这墙头怎么□[ɕkan]倒来_{语气词}。

"□[ɕkan]"可以用于名词前，意在强调对方关系密切，如"□[ɕkan]弟兄""□[ɕkan]家里"。

"□[ɕkan]"经常跟数量词"一个"组合，说成"□[ɕkan]一个"。"□[ɕkan]一个"的"一"或"个"也可以省略，说成"□[ɕkan]一"或"□[ɕkan]个"。"□[ɕkan]"和"□[ɕkan]一个""□[ɕkan]一""□[ɕkan]个"的语义和功能基本相同，可以互换。如：

（50）让他们□[ɕkan]写。=让他们□[ɕkan]一个写。=让他们□[ɕkan]一写。=让他们□[ɕkan]个写。

（51）这都是俺□[ɕkan]的。=这都是俺□[ɕkan]一个的。=这都是俺□[ɕkan]一的。=这都是俺□[ɕkan]个的。

（52）这狗□[ɕkan]跑回来的。=这狗□[ɕkan]一个跑回来的。=这狗□[ɕkan]一跑回来的=这狗□[ɕkan]个跑回来的。

3.1.4.2 旁称代词

固始方言的旁称代词有"二旁人"和"人家"两个。"人家"跟普通话的"人家"用法大致相同，下面只讨论"二旁人"。

"二旁人"在语义上相当于普通话中的"别人"，不过它只能作主语、宾语，不能作定语。如：

（53）除了你，二旁人都没去过。

（54）这嗨ᵌ[·xɛ]_{这里}除了你，没二旁人。

（55）这事除了我，没二旁人知道。

（56）除了他，没二旁人来过这。

（57）这事除了你，二旁人都会斗_{这事除了你，其他人都会做}。

（58）二旁人都知道这事，就你不知道。

固始方言的分称代词"各"跟普通话的用法基本一致，故不单独讨论。

3.2 指示代词

固始方言的指示代词系统由近指、中指和远指三个部分构成，可以表人、物、处所、时间、性状、程度等。具体情况详见表 3-2。

表 3-2   固始方言指示代词表

	近指	中指	远指
人、物	｜这 [tɕieɔ]	｜乜= [lieɔ]	｜那 [laɔ]
时间	这咱（子）[tɕieɔ·tsan·tsʅ] ｜这 [tɕieɔ]	乜=咱（子）[lieɔ·tsan·tsʅ] ｜乜= [lieɔ]	那咱（子）[laɔ·tsan·tsʅ] ｜那 [laɔ]
处所	这嗨= [tɕieɔ·xɛ] ｜这 [tɕieɔ]	乜=嗨= [lieɔ·xɛ] ｜乜= [lieɔ]	那嗨= [laɔ·xɛ] ｜那 [laɔ]
方式、程度、数量	□么 [tsenɔ·maŋ]	乜=么 [lieɔ·maŋ]	□么 [lenɔ·maŋ]
程度	□ [tsenɔ] ｜□么 [tsenɔ·maŋ]	乜=么 [lieɔ·maŋ]	□ [lenɔ] ｜□么 [lenɔ·maŋ]
方式、状态	这样 [tɕieɔ·iaŋ] ｜这 [tɕieɔ]	乜=样 [lieɔ·iaŋ] ｜乜= [lieɔ]	那样 [laɔ·iaŋ] ｜那 [laɔ]

注：表中"｜"前的词只有一种指示语义，"｜"后的词则有多种指示语义。如"｜"前的"这咱（子）"只指示时间，"｜"后的"这"除了指示时间外，还可以指示人、物等。

3.2.1 表人、物的指示代词

固始方言的指人、物的指示代词有"这""乜=""那"三个。跟普通话不同的是，"这""乜=""那"除了指示人、物外，还可指示时间、处所和方式等，这一点详见 3.2.1、3.2.2、3.2.3。"这""乜=""那"指示人、物时既有实指用法，也有虚指用法。

3.2.1.1 "这""乜=""那"的实指用法

固始方言指代人、物的代词除了近指"这"、远指"那"外，还有中指"乜⁼"。但"乜⁼"只有跟"这""那"对举时才表中指。如：

(1) 这块田是俺的，乜⁼块田是你的，那块田是他的。

(2) 你的包子行李包在这，我的包子在乜⁼，他的包子在那。

"乜⁼"若只跟"这"对举，或只跟"那"对举，则不表中指。其中跟"这"对举时表远指，跟"那"对举时表近指。如：

(3) 这货这家伙不讲理，乜⁼货还可以。

(4) 你选乜⁼个，别选那个。

"乜⁼"单独出现时或表近指，或表远指，但不表中指。如：

(5) 乜⁼人昨个喝醉啦那个人昨天喝醉了。

(6) 你哪都别看，就看乜⁼本书你什么都别看，就看这本书。

"这""乜⁼""那"在句中可以作主语，也可以作宾语、定语。如：

(7) 这是你家吗？

(8) 俺想要那，不想要乜⁼。

(9) 那不正好是你喜欢去的地点吗？

(10) 你别说啦，我不喜欢乜⁼。

(11) 这东西其实不好吃。

(12) 乜⁼人个子有点矮。

3.2.1.2 "这""乜⁼""那"虚指用法

"这""乜⁼""那"的虚指用法可分为两种。一种为单个指示代词的虚指用法，一种为对举构成的虚指用法。下面是单个指示代词的虚指用法。

(13) 你这不好好学也不是个事呀。

(14) 好，你弄那，我先回去啦。

(15) 乜⁼咋说呢，我其实也不想去。

(16) 那我正咱现在回去跟他们讲讲。

上述例句的"这""乜⁼""那"都没有具体的指代。其中例（13）的"这"具有话题意义。例（14）的"那"指说话人想不起说什么，或者不知道该说什么内容，也具有一定的话题意义。例（15）、例（16）的"乜⁼""那"表示顺着上文的语意，申说应有的结果或据此作出的判断，具有连词的性质。

"这""乜⁼""那"也可以通过两两对举，用于表达虚指。如：

（17）你这也不学，那也不学，能弄个啥呢？

（18）你乜⁼也想斗做，那也想斗做，问题是你斗可"可"为表反复问的副词成很你这也想做，那也想做，问题是你能不能做成呀？

（19）你说他这也中，乜⁼也中，我咋看他都不中呢？

"这""乜⁼""那"也可以两两重叠表达虚指。如：

（20）他整天不就这那的来语气词，又没其他事！

（21）没事就给他乜⁼那的，你有好粗钱呢你有多少钱呢？

（22）没事就叫我斗做这乜⁼的，真烦人！

3.2.2 表时间的指示代词

固始方言表时间的指示代词有"这咱（子）""乜⁼咱（子）""那咱（子）""这""乜⁼""那"等六个，"这""乜⁼""那"还可指示人、物、处所等。"这咱（子）""乜⁼咱（子）""那咱（子）"既可表时间点，也可表时间段，在句中作主语、宾语、定语和状语。如：

（23）乜⁼咱子人还怪多，但这咱子一个人也没得啦那一会儿人还比较多，但这一会儿一个人也没有了。

（24）起这咱子起，你别吸烟啦从现在起，你别抽烟了。

（25）那咱子事情太多了那会儿的事情太多了。

（26）你这咱子去，□得［ɕiɛ·ti］肯定能找着他你现在去，肯定能找到他。

"这""乜⁼""那"指示时间时，即可表时间点，也可表时间段，在句中主要做主语、宾语和定语。如：

（27）这几点啦现在几点啦？

（28）乜⁼都啥时候啦，你还没睡那时候都什么时间了，你居然还没睡。

（29）别劝他，他到那会后悔的别劝他，他到那个时候会后悔的。

（30）打那起，俺们就没瞧着他啦从那时候起，我们就没看见他了。

（31）从这开始，你要好好学习啦从现在开始，你要好好学习了。

（32）那时候他难得很那段时间他特别难。

固始方言的"这/乜⁼/那会这/那会""这/乜⁼/那粗⁼子这/那段时间"和"这/乜⁼/那翁⁼子这/那段时间"也表时间，且极为常用，很容易被认作表时间的指示代词。其实它们都是短语，不是词。如"这/乜⁼/那

会"中间可以添加"一""小"等数词、形容词,"这/乜=/那粗=子""这/乜=/那翁=子"中间可以添加数词"一"。如:

(33) 这(一)会人多,你别慌来。
(34) 他那(一小)会精神还可以。
(35) 他乜=(一)粗=子生意兴得很他那(一)段时间生意特别兴隆。
(36) 他那(一)翁=子在这,但这(一)翁=子不知道上哪去啦。

这说明"会""粗=子"和"翁=子"都是时间性名词,而"这/乜=/那"只是修饰语。

3.2.3 表示处所的指示代词

表处所的指示代词有"这嗨=""乜=嗨=""那嗨=""这""乜=""那"等六个,"这""乜=""那"还可指示人、物、时间等。

"这嗨=""乜=嗨=""那嗨="均指代某一具体的地点,在句中可以作主语、定语和宾语。如:

(37) 这嗨=比那嗨=凉快这里比那里凉快。
(38) 那嗨=的庄稼长得排场那一块的庄稼长势好。
(39) 乜=嗨=的人不讲理那里的人不讲道理。
(40) 俺不喜欢这嗨=我不喜欢这里。

"这/乜=/那嗨="所指范围既可较大,也可较小。如:

(41) 这嗨=有好几万亩地。
(42) 他住的乜=嗨=山清水秀的。
(43) 桃子这嗨=烂啦桃子上的这一块地方烂了。
(44) 他脸这嗨=长个癍。
(45) 头上那嗨=没得毛头上的那一块地方没有头发。

上述五个例句,前两个所指范围较大,后三个所指范围较小。

"这""乜=""那"也可以指示处所,在句中做主语、宾语和定语。如:

(46) 这比那大这里比那里大。
(47) 我住这,你住乜=我住这儿,你住那儿。
(48) 他在这住得□□[₂zu·tsuo]他在这里住得舒服。
(49) 这地□[ᶜtaŋ]搞他卖啦这块地方被他卖了。

固始方言还有"这朿⁼""乜⁼朿⁼""那朿⁼"这三个表处所的词语，其语义跟"这嗨⁼""乜⁼嗨⁼""那嗨⁼"完全一样。上述所有例句的"这/乜⁼/那嗨⁼"都可以换作"这/乜⁼/那朿⁼"，且语义不变，因此会很容易被当作表处所的指示代词。实际上"这/乜⁼/那朿⁼"只是一个短语，其中间可以添加"一、两、几、大、小"等词语。如可以说：

(50) 这一朿⁼是他的_{这一块地方是他的}。
(51) 那两朿⁼地没种粮食。
(52) 乜⁼几朿⁼长得全是草。
(53) 这小朿⁼没人要。
(54) 这一大朿⁼搞他占去啦_{这一大块地方被他抢占去了}。

这充分表明"这/乜⁼/那朿⁼"只是一个处所短语，并不是指示代词。其中"朿⁼"为处所词，"这/乜⁼/那"为修饰语。

3.2.4 表示方式、程度、数量的指示代词

固始方言表方式、程度、数量的指示代词有"□［tsen⁽⁾］么、乜⁼么、□［len⁽⁾］么"等三个，在句中主要作状语和宾语。如：

(55) 你□［tsen⁽⁾］么做可以嚎_{你这么做可以吗}？
(56) 那家伙咋_{怎么}□［len⁽⁾］么坏呀！
(57) 你乜⁼么做不粘⁼板_{你那样做不行}。
(58) 这活起码也得_{需要}□［len⁽⁾］么好几个月呀。

3.2.5 表示程度的指示代词

固始方言表程度的指示代词有"□［tsen⁽⁾］、□［len⁽⁾］、□［tsen⁽⁾］么、乜⁼么、□［len⁽⁾］么"等五个，"□［tsen⁽⁾］么、乜⁼么、□［len⁽⁾］么"还可以指示方式和数量。也即专门表程度的指示代词只有"□［tsen⁽⁾］"和"□［len⁽⁾］"。其中"□［tsen⁽⁾］"疑为"这么［tɕiɛ⁽⁾·maŋ］"的合音，"□［len⁽⁾］"疑为"那么［la⁽⁾·maŋ］"的合音①。

---

① 固始方言有"乜⁼么"，但基本没有"这么、那么"的说法（只少数人有），由此也可以判定出"这么、那么"已经发生合音了。

"□［tsen˧］、□［len˧］"虽为"这么［tɕiɛ˧·maŋ］""那么［la˧·maŋ］"的合音，但后面依然可以接"么"，形成"□［tsen˧］么、□［len˧］么"。这可能是由于合音太久，说话人已经感受不到"□［tsen˧］、□［len˧］"里面有"么"了。不过"□［tsen˧］、□［len˧］"与"□［tsen˧］么、□［len˧］么"语法特点并不完全相同，"□［tsen˧］、□［len˧］"只能指示程度，而"□［tsen˧］么、□［len˧］么"除了可以指示程度，还可指示方式和数量。

"□［tsen˧］么、乜˭么、□［len˧］么"的指示用法在3.2.4中已经讨论过了，下面只列举"□［tsen˧］、□［len˧］"的例子。"□［tsen˧］、□［len˧］"在句中主要作状语。如：

（59）你来得□［tsen˧］早呢你来得这么早啊。

（60）那家伙□［len˧］坏呀那个人那么坏呀！

（61）你咋□［tsen˧］不听话呢你为啥这么不听话呀！

3.2.6 表示方式、状态的指示代词

表示方式、状态的指示代词有"这样""乜˭样""那样""这""乜˭""那"六个，其中"这""乜˭""那"还可以指示人、物、时间、处所等。

"这样""乜˭样""那样"在句中主要作主语、谓语、宾语和状语。如：

（62）你这样做不粘˭板你这样做不行。

（63）你这人咋怎么跟乜˭样！

（64）这样肯定不行的。

（65）这事也就乜˭样啦。

"这""乜˭""那"在句中作主语、谓语、宾语，但基本不做状语。如：

（66）你跟这做，别跟乜˭做你像这样做，别像那样做。

（67）你别跟那做，那不行你别像那样做，那样不行。

（68）他也努力啦，只能这啦他也努力了，只能这样了。

3.3 疑问代词

从意义上看，疑问代词是对人、物、情况等进行询问的代词。从语法功能上看，疑问代词与人称代词和指示代词都有共性，对人称代词的疑问，其功能就与人称代词基本相当，对指示代词的疑问，其功能就与指示代词有较一致的对应关系。

固始方言的疑问代词可以询问人、物、时间、处所、数量、程度、方式、目的、原因等。其大致情况见表 3-3。

表 3-3　　　　　　　　固始方言疑问代词表

类别	具体词语
问人	谁 [ᴄsei]、谁个 [ᴄsei·kɤ] ｜ 哪些 [ᴄlaᴄɕiɛ]、哪个 [ᴄla·kɤ]
问物	啥子 [saᴐ·tsʅ] ｜ 啥 [saᴐ]、哪些 [ᴄlaᴄɕiɛ]、哪个 [ᴄla·kɤ]
问时间	多咱 [ᴄtuo·tsan]、好咱 [ᴄxau·tsan]／[ᴄxauᴄtsan]
问处所	哪嗨⁼ [ᴄla·xɛ]、哪 [ᴄla]
问数量	好些（子）[ᴄxau·ɕiɛ·tsʅ]、好多 [ᴄxauᴄtuo]、几 [ᴄtɕi] ｜ 好 [ᴄxau]、多 [ᴄtuo]
问程度	｜ 好 [ᴄxau]、多 [ᴄtuo]
问方式、原因	咋 [ᴄtsa]、怎么 [ᴄtsen·maŋ]
问目的、性质、状况	咋样、怎么样
问目的、原因、性质	｜ 啥 [saᴐ]

3.3.1 问人的疑问代词

固始方言询问人的疑问代词有"谁、谁个、哪些、哪个"四个，其中"哪些、哪个"还可以问物。"谁"跟普通话"谁"的意义、语法基本相同，既可以问单数，也可以问复数，在句中作主语、宾语和定语。"谁个"为"谁一个"的省略（汪化云、李倩 2021）①，它一般只能询问单数。因此当询问单数时，二者基本可以互换。如：

(1) 谁来迟啦？＝谁个来迟啦？

(2) 谁帮把我包子拿走啦？＝谁个帮我包子拿走啦？

(3) 你是谁呀？＝你是谁个呀？

(4) 你找谁？＝你找谁个？

(5) 这谁的东西？＝这谁个的东西？

但当询问复数时，就只能用"谁"，不能用"谁个"了。如能说：

(6) 这些人都是谁呀？

(7) 昨个来的那些人都有谁呀？

但不能说：

(8) ＊这些人都是谁个呀？

(9) ＊昨个来的那些人都有谁个呀？

"哪些"询问的是复数，可以作主语、宾语和定语。如：

(10) 哪些还没来？

(11) 已经来的有哪些？

(12) 哪些人还没接着通知？

"哪个"询问的是单数，是"哪一个"的省略。不过相对于"谁个"，"哪个"的词化程度不高，有时还可以说成"哪一个"。不过"哪一个"用得很少，故本书暂把"哪个"看作一个词。"哪个"可以作主语、定语和宾语。如：

(13) 哪个不听话？

(14) 你说的是哪个人？

(15) 你说的是哪个＝你说的是谁？

"谁""谁个""哪些""哪个"还具有任指、虚指的用法。如：

(16) 谁都喜欢这。

(17) 好像有谁个跟我说过这事。

(18) 你要记清楚今个来了哪些人。

(19) 哪个不想好好过日子呀？

---

① "谁个"虽是"谁一个"的省略，但现在已完全凝固为一个词。

3.3.2 问物的疑问代词

固始方言询问物的疑问代词有"啥子、啥、哪些、哪个"四个,其中"啥"还可以问目的、原因等,"哪些、哪个"还可以问人。"啥子"和"啥"在问物时,意思差不多,但不同的是"啥"可以作主语、宾语、定语,而"啥子"只能作主语、宾语,不能作定语。如:

(20) 啥子搞他拿走啦?
(21) 你想买啥子?
(22) 你手里拿的是啥子?
(23) 这是啥?
(24) 他今个买的是啥?
(25) 啥东西卖这些钱什么东西卖这么多钱?
(26) 你刚才甩的是啥家什你刚才扔掉的是啥东西?

像例(26)的"你刚才甩的是啥家什"就不能说成"*你刚才甩的是啥子家什"。

"哪些"主要询问复数,可以作主语、宾语和定语。如:

(27) 哪些卖掉啦?
(28) 你买的东西都有哪些?
(29) 哪些桌子坏啦?

"哪个"询问单数,在句中主要作主语、宾语和定语。如:

(30) 哪个是你的?
(31) 哪个房子拆啦?
(32) 你想要哪个?

"啥子""啥""哪些""哪个"有任指和虚指用法。如:

(33) 都自己人,客气啥子。
(34) 你今个说啥子都不粘═你今天说什么都不行。
(35) 他手里好像拿个啥子。
(36) 你别忘啦要带哪些东西。
(37) 他好像把哪个东西甩扔啦。

3.3.3 问时间的疑问代词

固始方言询问时间的疑问代词有"多咱、好咱"两个。"多咱"只询问时间点，"好咱"既可询问时间点，也可询问时间段。"好咱"询问时间点时，"咱"可读轻声，也可读原调，但询问时间段时"咱"一定要读原调。它们在句中可以作谓语、状语和补语。如：

（38）正咱好咱［·tsan/ᶜtsan］啦现在什么时候了？

（39）你多咱来你什么时候来？

（40）他好咱［ᶜtsan］没来啦他很久没有来了。

（41）他去好咱［ᶜtsan］啦他去多久了？

"多咱、好咱"有任指和虚指的用法。如：

（42）今个事情多，也不知道好咱能下班。

（43）他好像多咱来过这□［·xɛ］他好像什么时候来过这里。

3.3.4 问处所的疑问代词

询问处所的疑问代词有"哪嗨⁼、哪"两个。"哪嗨⁼、哪"相当于普通话的"哪里、哪儿"，在句中可以作主语、宾语、定语。如：

（44）哪嗨⁼有这种树？

（45）你正咱在哪嗨⁼？

（46）哪嗨⁼的西瓜巧⁼些哪里的西瓜便宜一些？

（47）哪有卖的？

（48）你正咱在哪？

（49）哪个地□［ᶜtaŋ］好哪个地方好？

（50）哪一末⁼卖啦哪块地卖了？

"哪嗨⁼""哪"有任指和虚指的用法。如：

（51）这树种哪嗨⁼都行。

（52）他哪都没去过。

（53）俺们正咱别想住哪嗨⁼，先吃饱饭再我们现在不要考虑住在哪里，先吃饱饭再说。

3.3.5 问数量的疑问代词

固始方言询问数量的代词主要有"好些（子）、好多、几、好、多"等五个，其中"好、多"还可以询问程度等。

"好些（子）、好多"相当于普通话的"多少"，"好、多"相当于

普通话的疑问代词"多",它们在句中主要作定语和宾语。如:

(54) 今个有好些(子)人没去开会?
(55) 你手里有好些(子)钱?
(56) 你今个卖有好多_{你今天卖了有多少}?
(57) 这楼房有好高?
(58) 这根管子有多长?

此外"好些(子)"还可以作主语,但"好多"不能。如能说:

(59) 好些(子)叫她抢去啦_{被她抢去了多少}?
(60) 好些(子)没要回来_{多少没有要回来}?

但不能说:

(61) *好多叫她抢去啦?
(62) *好多没要回来?

"几"一般要加词缀"第",或后面要带量词才能询问数量,在句中充当定语和宾语。如:

(63) 你今个跑第几_{你今天跑了第几名}?
(64) 你买几斤肉?
(65) 你要几千斤?

"好些(子)、好多、几、好、多"有任指和虚指用法。如:

(66) 你想吃好些(子)就吃好些(子)。
(67) 有好些(子)人就烧好些(子)饭。
(68) 你有好多钱都不够他花。
(69) 他今年挣好多钱。
(70) 他手里有几个钱_{他手里还有一些钱}。
(71) 这是你的屋,你想盖多高都行。
(72) 这电线长得很,你想买好长都可以。

3.3.6 问程度的疑问代词

固始方言询问程度的疑问代词有"好、多"两个,它们修饰形容词,在句中作状语。如:

(73) 这个人有好坏呢?
(74) 外头有好冷呢?

（75）他有多不讲理呢？

（76）那个人有多厉害？

"好、多"有任指和虚指的用法。如：

（77）他要好坏有好坏。

（78）外头也不知道多冷啦。

3.3.7 问方式、原因的疑问代词

固始方言询问方式、原因的疑问代词有"咋""怎么"两个，在句中作状语、谓语。如：

（79）你咋回家？

（80）这事你想怎么弄？

（81）这是怎么搞的？

（82）你咋啦你怎么了？

"咋、怎么"有任指和虚指用法。如：

（83）你咋弄都没关系。

（84）他那天也不知怎么搞的哭啦。

3.3.8 问目的、性质、状况的疑问代词

固始方言询问目的、性质、状况的疑问代词有"咋样""怎么样"两个，在句中作谓语和宾语。如：

（85）这个人怎么样？

（86）这事正咱现在咋样啦？

（87）你想咋样？

"咋样、怎么样"有任指和虚指用法。如：

（88）他想咋样是他的事，你管不着。

（89）这事也不知道怎么样啦。

3.3.9 问目的、原因、性质的疑问代词

固始方言询问目的、原因、性质的疑问代词只有"啥"一个，"啥"还可以询问事物。"啥"询问目的、原因和性质时，在句中作宾语和定语。如：

（90）你跟这样弄是图啥？

（91）你今个为啥不来上学？

（92）他到底是个啥人 他是个什么样的人？

"啥"有任指和虚指用法。如：

（93）正咱现在真的是啥人都有。

（94）也不知道他为啥还没回来。

第 4 章 体貌

"体貌"这一术语来自英语的 aspect。从名称上来说,有人把它称作"体",有人叫作"情貌",还有人叫"动态""动相",但大多数人的意见还是把它称为"体"。关于汉语的体貌,吕叔湘(1942)、王力(1944)、高名凯(1948)、孔令达(1986)、龚千炎(1995)、戴耀晶(1997)、李小凡(1998a)、郑定欧(2001)、邢向东(2006)、陈前瑞(2008)等学者都进行过较为深入的讨论,但目前还没有一个统一的认识。如吕叔湘(1942:228)认为"体貌"[①]指的是"一个动作的过程中的各种阶段","体貌"虽跟时间有关,但"时间观念已融化在动作观念里"。王力(1944:282)认为"在语言里,对于动作的表现,不着重在过去现在或将来,而又和时间性有关系者,叫作情貌"。龚千炎(1995:44)认为"时态表现事件(event)处于某一阶段的特定状态"。戴耀晶(1997:5)认为"体是观察时间进程中的事件构成的方式"。综合来看,早期学者多从动作角度认识"体貌",认为"体貌"属于动词的一个范畴。后期学者多认为"体貌"不仅仅与动词、动作有关,还与句子或事件有关。"考察体意义必须结合句子,句子是表述'事件'的"(戴耀晶 1997:5)。

严格来说,"体"和"貌"还是有一定区别的。李如龙(1996a:3)认为,"……各家语法书里所说的汉语的'体'范畴(或'态'、'貌')实际上也包含着不同性质的事实……所谓状态是人们对客观进程的观察和感受;所谓情貌往往还体现着动作主体的一定意想和情绪。基于这样的认识,我们主张,把和 aspect 较为接近的前者称为'体',

---

[①] 吕叔湘把"体"称作"动相"。

而把后者称为'貌'"。郑定欧（2001）认为，"体是观察横向进程中的事件构成的方式，指示着动作主体的客观判断。貌是观察时间纵向进程中的事件构成的方式，伴随着动作主体一定的主观感知"。不过本书对"体貌"不加以区分。本书把固始方言中动词（或者动词短语甚至动词重叠）与助词（个别的为副词，如"在"）进行一定形式的组合，构成各种语法格式来表达动作、事件在一定事件进程中的状态的语法范畴都称为"体貌"或"体"。此外由于"体"是动词所特有的语法范畴，它着眼于动作行为发生或进行的状态，因此"体"与"时"又存在一定的联系。"体"离不开"时"，但又和"时"属于不同的范畴。"体"是在时间的进程中观察事物的动态而产生的，"时"着眼于动作发生的时间，如"过去、现在、将来"等。"体"虽不着眼于时间，但任何动作的发生总是和一定的时间、地点联系在一起，"体"与"时"联系密切，因此本书的有些"体"还包含有时态。

固始方言常见的体貌主要有实现体、经历体、起始体、进行体、持续体、短时体、尝试体七种。经历体主要用助词"过"表示，如"他去过上海"；起始体用"起来"表示，如"他跑起来啦"；短时体用动词重叠表示，如"我去看看"。由于经历体、起始体、短时体跟普通话大体一致，因此下面只介绍实现体、进行体、持续体、尝试体这四种。

4.1　实现体

实现体用动态助词"啦 [·la]""唠 [·lau]"表达，表示动作或状态已经实现或将来实现。动态助词"啦""唠"的用法特点接近普通话的"了$_1$"[①]。

[①] 固始方言的"啦""唠"跟普通话的"了"一样也分"啦$_1$""唠$_1$"和"啦$_2$""唠$_2$"。凡用在句中动词（少数为形容词）后面的均为动态助词"啦$_1$""唠$_1$"，凡出现在句末名词后面的均为语气助词"啦$_2$""唠$_2$"，这些都非常容易辨别。但当"啦""唠"位于句末的动词后，如"我吃啦/唠"，则动态助词和语气助词兼有，很难辨别是"啦$_1$/唠$_1$"还是"啦$_2$/唠$_2$"。本书为了简单起见，将句中动词后的"啦$_1$""唠$_1$"统称为动态助词"啦""唠"，句末的"啦""唠"统称为语气助词"啦""唠"。因此本书的语气助词"啦""唠"在位于句末的动词后时，其实还具有动态助词的功能。

"啦"与"唠"的用法完全一致，只是"啦"多用于中青年人，"唠"多用于老年人，因而下面只谈"啦"。

动态助词"啦"既可以表达动作或状态的已经实现，也可以表达动作或状态的将来实现，其结构形式主要为"VP＋啦＋NP"。

4.1.1 表已经实现

"啦"表动作行为的"实现"，一般多用于以下两种格式中。

4.1.1.1 VP＋啦＋宾语

当VP为行为动词、动补短语时，这种"实现"多为非持续性的。如：

(1) 我去啦好几天。

(2) 他吃啦三碗饭。

(3) 他将才刚才看啦一会电视。

(4) 他打死啦两个老鼠。

当VP为存现、心理、状态类动词或一些具有动词属性的形容词时，这种"实现"多为持续性的。如：

(5) 有啦钱，啥事情都好办。

(6) 大家伙最后还是相信啦他。

(7) 他家灯灯灯笼已经挂啦一个多月。

(8) 柿子红啦好几天。

4.1.1.2 V＋啦＋宾语＋趋向动词/V＋趋向动词＋啦＋宾语

"啦"用于动趋式结构中，若接宾语，一般有两种结构。一种结构为"V＋啦＋宾语＋趋向动词"。如：

(9) 他借啦几个鸡蛋来。

(10) 他拿啦几块钱出去。

(11) 她刚刚送啦几袋米过去。

另一种结构为"V＋趋向动词＋啦＋宾语"。如上述三例可以说成：

(12) 他借来啦几个鸡蛋。

(13) 他拿出去啦几块钱。

(14) 她刚刚送过去啦几袋米。

动态助词"啦"不能位于"V＋趋向动词"的中间，这一点跟普通话的"了₁"明显不同。如不能说：

(15) *他栽啦下去。

(16) *这些东西他早就买啦回来。

(17) *那几袋米刚刚送啦过去。

4.1.2 表将来实现

可从两个方面描述。

1）或句首有动词"等"，或句中有副词"就"，或句尾有先行义标记词"再 [·tsai]"，这三者必具其一，否则句子难以成立，且此时的"啦"多位于句中，若放在句尾，其后至少要跟上先行义标记词"再 [·tsai]"。如：

(18) 等我吃啦饭。

(19) 我洗啦菜就去。

(20) 他打啦球再 [·tsai] 他打了球再说。

(21) 等澡洗啦再 [·tsai] 等洗了澡再说。

"等"与"再 [·tsai]"、"等"与"就"可以共现于一个句子里，但"就"与"再 [·tsai]"不能共现于一个句子中。如可以说：

(22) 等我写啦信再 [·tsai] 等我写了信再说！

(23) 等他回来啦再 [·tsai] 等他回来了再说！

(24) 等我洗啦澡就去。

但不能说：

(25) *我做啦作业就去再 [·tsai]。

(26) *等他看啦电视就去再 [·tsai]。

动词带有受事时，受事可以提前，也可以不提前，语义不变（下面也同此）。如：

(27) 等看啦书再 [·tsai]。

(28) 澡洗啦就去。

(29) 作业做啦再 [·tsai]。

2）当句中没有"等、就、再 [·tsai]"等词时，"啦"不独立成句。它或者后面带上另一个动词，构成连动式，表动作的先后发生；或者后面有后续小句，表前一情况是后一情况的假设条件。如：

（30）你吃啦回去。
（31）我洗啦衣裳过去。
（32）俺几个写啦作业走。
（33）你可是是不是看啦电视走？
（34）你吃啦饭，我才让你上学。
（35）你做啦作业，老师才让你回去。

动词后有受事时，受事也可以提前。如：

（36）我衣裳洗啦去。
（37）俺几个作业写啦走。
（38）你可是是不是电视看啦走？
（39）你饭吃啦才让你上学。
（40）你作业做啦才让你回去。

4.2 进行体

4.2.1 进行体和持续体的区别

在讨论进行体之前，有必要将进行体和持续体这两种语法范畴的含义加以比较和区分。

学者们一般喜欢从意义出发去区分进行体和持续体，如说进行体表动作的进行，持续体表状态的持续。但何为动作，何为状态却很难解释清楚，以致有些学者常将持续体说成进行体，进行体说成持续体。有些学者则干脆不加以区分，统称为持续体。

一般来说，一定的语法形式表现着一定的语法意义，一定的语法意义要通过一定的语法形式来表示。进行体和持续体既然是两种不同的语法范畴，其语法形式应当有所区别（叶祖贵，2013）。根据我们的观察，汉语方言的进行体从形式上看可分为两种类型。第一种是通过动词前加虚化的处所成分来表示，第二种是通过句尾的语气助词来表示。如：

（1）湖北天门话：他在的做衣服。（邵则遂，1991）
（2）安徽合肥话：他看书在。（凌德祥，1996）

也有人认为例（2）的句尾助词"在"为体助词。关于这一点，下文会有讨论。

进行体第一种类型中的处所成分，在很多方言则完全虚化为副词"在"。如：

（3）陕西西安话：他在睡觉。

持续体也有两种类型。第一种是通过主要谓语动词后加动态助词来表示，第二种是通过动词后加虚化的处所成分来表示。如：

（4）上海话：上身着仔一件滑雪衫。（许宝华等，1996）

（5）山东泰安话：泡了壶好茶在那里，再不喝就闷老了。（俞光中，1986）

进行体第二种类型和持续体第一种类型虽都用助词来表达，但助词的性质不同：前者是语气助词，后者是动态助词。动态助词对动词的依赖性很强，只能紧接在主要谓语动词后面，即使主要谓语动词后接宾语也不例外，如例（4）。语气助词只能位于句末，与动词的联系不紧，当动词后有宾语时就位于宾语之后，如例（2）。这种不同对进行体和持续体之间的语义影响很大，使得这种类型的持续体更着重于一个"动作"，进行体更着重于一个"活动"，而"动作"只是"活动"的一部分。① 由于持续体助词主要着重于动词，故当动词后只接持续体助词时总觉得话没有说完，像普通话中"他吃着"和"他说着话"只是半句话。表进行体助词由于着重于整个事件，故还有成句作用，像普通话的"他洗澡呢"和"他说话呢"都可以成句。

如果按照上述定义，则固始方言的进行体一般用副词"在"，或者句尾语气助词"在"表示，常见的句法格式为"在+VP"和"VP+在"。除此之外还有一个副词"在"和句尾助词"在"共同表达的"在+VP+在"格式。下面先讨论"在+VP"类进行体。

"在+VP"中的副词"在"既可读 [ₒtɛ]，又可读 [tsɛᵓ]，其中 [ₒtɛ] 为白读音，[tsɛᵓ] 为文读音。VP中的动词若为及物动词，则习惯性接宾语。如：

（6）他在洗菜。

（7）外头在下雨。

（8）在买电视机。

---

① 关于"动作"和"活动"的具体含义，可参看陈月明（1999）。

但这个宾语并不能当作受事主语提前。如不能说：

（9） *他菜在洗。

（10） *电视机在买。

"在"的前面还可以加副词"正"。如：

（11） 他正在吃饭。①

（12） 正在打球。

（13） 正在放电影。

值得注意的是，这时的宾语就可以当作受事主语提前。如例（11）—例（13）也可以说成：

（14） 他饭正在吃。

（15） 球正在打。

（16） 电影正在放。

再看"VP+在"和"在+VP+在"。这两种格式中的句末助词"在"的读音不固定，既可读［·tɛ］，又可读［·tsɛ］，也可读［·ts‘ɛ］。［·tɛ］为白读音，［·tsɛ］为文读音，［·ts‘ɛ］则应该是［·tsɛ］的音变。

"VP+在""在+VP+在"的 VP 中的动词若为及物动词，也习惯性接宾语。如：

（17） 他看书在。

（18） 俺几个拉稻在 我们在搬运稻谷。

（19） 外头在下雪在。

（20） 他在玩手机在。

"VP+在""在+VP+在"的前面也可以添加副词"正"。如：

（21） 俺几个正砍树在。

（22） 他几个正做活在。

（23） 外头正在下雪在。

由此看出，"在+VP""VP+在""在+VP+在"这三种格式的意义基本相同，完全可以互换。如：

（24） =他在吃饭。他吃饭在。=他在吃饭在。

固始方言这种以副词"在"或者语气助词"在"构成的"在"类

---

① 也可以认为此处的"正在"为一个词。例（12）—例（16）"正在"同此。

进行体也见于其他汉语方言，但主要见于官话方言。此外晋语和湘语中也比较常见。如：

（25）山东淄博话：他在上课。

（26）山西沁水话：我在看电视。

（27）湖北红安话：他在打麻将。

（28）江苏扬州话：我在吃饭。（王健，2005）

（29）湖南祁东话：学生哈在写作业_{学生都在写作业}。

（30）河南商城话：他在洗澡。｜他找人做活在_{他在找人做活}。｜老师在阅作业在。

（31）湖北武汉话：我拐子_{哥哥}在睡觉。｜妈妈打电话在。｜我拐子在睡觉在。（黄晓雪，2007）

（32）安徽霍山话：他们在吃饭。｜他骑车在。｜学生在说话在。

"在+VP"比"VP+在"和"在+VP+在"更为普遍。很多方言都是只有"在+VP"类型，没有"VP+在"和"在+VP+在"类型，如例（25）、例（26）、例（27）的淄博方言、沁水方言和红安方言等。有些方言则是"在+VP""VP+在""在+VP+在"三种类型都有，如固始方言以及例（30）、例（31）、例（32）的商城方言、武汉方言和霍山方言等。

关于"在"类进行体，学者们曾从不同角度进行过研究（罗自群，1999、王健，2005、黄晓雪，2007、汪化云，2016），但对于其来源及句末语气词"在"的性质等一系列相关问题的认识尚不够深入，仍有继续讨论的必要。本书从整个汉语方言出发，尝试对上述问题做一下探讨。

4.2.2 三种"在"类进行体的来源

4.2.2.1 "在+VP"类进行体的来源

关于"在+VP"类进行体的来源，我们认为来源于"在（这）里/（那）里+VP"。因为"在（这）里/（那）里+VP"结构中的处所成分"在（这）里/（那）里"在唐宋以后的文献里既可用于实指，又可用于虚指。实指的例子有：

（33）看他只自恁地豸跳，不肯在这里理会，又自思量做别处去。

(《朱子语类》卷十四)

（34）……盖是见得在那里，如望见在那里相似，便要到那里……(《朱子语类》卷六十九)

（35）也不知他仔细，只见他在那里住地，依旧挂招牌做生活。(《警世通言》卷八)

虚指的例子有：

（36）向见吴公济为此学，时方授徒，终日在里默坐。(《朱子语类》卷一百一十三)

（37）正是不死不活，在这里淘气，医人再没个医德，只自听天罢了。(《型世言》第三十八回)

（38）行者笑道："他在那里编谎哩，就待来也。"(《西游记》第三十二回)

"在（这）里/（那）里"用于实指时，主要表动作行为发生的处所。但用于虚指时，由于处所义大大淡化，此时其功能主要表动作行为等"正在进行"，语义上相当于普通话的"正""正在""在"，如例（36）—例（38）。目前汉语中很多方言仍是如此。如：

（39）湖北英山话：他在那里吃饭。

（40）湖北大冶话：晒场漏在里打谷禾场里在脱粒稻子。(汪国胜，1999)

（41）湖北仙桃话：他在里写字。(汪国胜，1999)

随着虚化的深入，"在（这）里/（那）里"的处所成分"（这）里/（那）里"便有可能丢失，进而只保留介引成分"在"。这里湖北仙桃方言非常有说服力。

仙桃方言的进行体是"在里+VP"，但"在里"的处所词"里"也可以省略，进而形成"在+VP"形式（汪国胜，1999）：

（42）我<u>在里</u>看书。→我<u>在</u>看书。

（43）我<u>在里</u>写字。→我<u>在</u>写字。

这说明仙桃方言的"在+VP"形式是从"在里+VP"演化来的。

我国南部的很多方言目前还普遍存在"处所成分+VP"这种类型的进行体，不过其处所成分并不是"在（这）里/（那）里"。如：

（44）安徽休宁话：我东个里吃饭。(平田昌司等，1996)

（45）江西安义话：渠勒许里/个里哭，什哩一下不吃。(万波，1996)

(46) 浙江杭州话：我来东吃饭，你等一等。(游汝杰，1996)

(47) 浙江温州话：我着搭吃饭，他着搭洗手。(潘悟云，1996)

例（44）的处所成分为"东个里"，例（45）为"勒许里/个里"，例（46）为"来东"，例（47）为"着搭"。这些处所成分虽不是"在（这）里/（那）里"，不过结构上却与"在（这）里/（那）里"相当，即都是"介引成分+处所词"。

随着虚化的深入，南部不少方言的这种"介引成分+处所词"中的处所词就会丢失，只剩下介引成分来表达进行体。如：

(48) 福建泉州话：外头嘞落雨，着带雨伞。(李如龙，1996b)

(49) 广东汕头话：我裸食饭，伊裸洗手。(施其生，1996)

(50) 浙江海盐话：心勒/落（霍）跳心在（那里）跳。(胡明扬，1996)

浙江海盐方言的处所词"霍"可省可不省，情形跟湖北仙桃方言一样。

南部方言的情况从一个侧面证实了"在+VP"类进行体确实来源于"在（这）里/（那）里+VP"。

4.2.2.2 "VP+在"类进行体的来源

参照"在+VP"的来源，我们认为"VP+在"类进行体应该来源于"VP+在（这）里/（那）里"。这是因为动词性词语后的"在（这）里/（那）里"在唐宋以后的文献里也是既可用于实指，又可用于虚指。下面是实指的例子（吕叔湘，1984、俞光中，1986）：

(51) 岂有虑君子太多，须留几个小人在里？(《朱子语类》卷一四二)

(52) 且如一草一木，向阳处便生，向阴处便憔悴，他有个好恶在里。(《朱子语类》卷一)

(53) 若与摩，和尚来时，莫向他说纳僧在里。(《祖堂集》卷六)

虚指的例子有（俞光中，1986）：

(54) 古人自始死，吊魂复魄，立重设主，便是常要接续他些子精神在这里。(《朱子语类》卷一)

(55) 却才前面灵官殿上，有个大汉睡着在那里。(《水浒传》第十四回)

(56) 花园内有人在那里。(《金瓶梅》第五十八回)

不过需要指出的是，动词性词语后的"在（这）里/（那）里"

用于虚指时,是持续体标记,而非进行体标记,如例(33)—例(35)。目前还有很多方言仍用"VP+在(这)里/(那)里"表持续体,如:

(57) 山东莱芜话:甭买了,头晌午不是买了洋柿子在这里?(俞光中,1986)

(58) 山东泰安话:老早的就穿了一身新衣裳在那里,大半是走亲戚。(俞光中,1986)

(59) 湖北英山话:他做作业在里,你莫去惹他。(汪国胜,1999)

为何虚化的处所成分放在动词性词语前是进行体,放在动词性词语后却是持续体呢?这跟"时间顺序原则"(戴浩一,1988)有关。当实义处所成分放在动词性词语之前时多表"某处正在发生动作行为",放在动词性词语之后时多表"动作行为发生在某处"。如普通话的"在那里挂地图"表"挂地图"这一动作行为正在进行,"地图挂在那里"表"挂"这一动作行为造成的状态正在持续。随着处所焦点语义的逐渐淡化,前者容易语法化为进行体标记成分,后者容易语法化为持续体标记成分。也就是说,受"时间顺序原则"的影响,"在(这)里/(那)里+VP"结构中的处所成分"在(这)里/(那)里"虚化后会演变成一个进行体标记成分,而"VP+在(这)里/(那)里"结构中的处所成分"在(这)里/(那)里"虚化后则会演变成一个持续体标记成分。

随着虚化的进一步深入,"VP+在(这)里/(那)里"中的处所成分"在(这)里/(那)里"可能会出现两种演变情形。一种情形是处所词"(这)里/(那)里"丢失,只留下介引成分"在",进而形成"VP+在"形式。"VP+在"形式中,由于"在"没有任何的处所意义,"VP+在"也就不受"时间顺序原则"的制约,因此便不再表动作的持续,而表动作的进行,此时的"在"只是一个表动作进行的句末助词。

另一种情形则是介引成分"在"丢失,而保留处所词"(这)里/(那)里"。但当处所词还有处所意义时,因"时间顺序原则"制约,整个格式仍表持续体。下面以我国南部方言为例进行说明。

我国南部很多方言目前普遍存在"VP+处所成分"这种类型的持

续体。如：

(60) 江苏苏州话：俚坐勒浪。（刘丹青，1996）

(61) 江西安义话：房里有五六个人坐勒个里。（万波，1996）

(62) 上海话：外头落雨辣海。（钱乃荣，2002）

例（60）的处所成分为"勒浪"，例（61）为"勒个里"，例（62）为"辣海"。这些处所成分虽然不是"在（这）里/（那）里"，但结构上却与"在（这）里/（那）里"相当，即都是"介引成分+处所词"。

南部方言的这种处所成分在进一步的演化中，经常会出现介引成分丢失，只保留处所词的现象。而当处所词还有微弱处所意义时，仍表持续体。如：

(63) 浙江绍兴话：车里有个人坐亨。（陶寰，1996）

(64) 浙江汤溪话：坐达，弗要徛起来。（曹志耘，1996）

(65) 浙江海盐话：台子浪摆起茶杯（落）霍。（胡明扬，1996）

例（63）—例（65）清楚地表明"VP+在（这）里/（那）里"中的介引成分"在"若丢失，当处所词"（这）里/（那）里"还有处所意义时，仍然表持续体。但如果处所词的处所意义完全消失，便不再表持续体，而表进行体，此时的处所词则会跟介引成分"在"一样，也演变成一个表动作进行的句末助词。这里以湖北罗田方言为例进行讨论。

(66) 我上课在，你等一哈儿_{我正在上课，你等一会儿}。

(67) 我上课的，你等一哈儿_{我正在上课，你等一会儿}。

(68) 我上课在的，你等一哈儿_{我正在上课，你等一会儿}。

(69) 我上课的在，你等一哈儿_{我正在上课，你等一会儿}。

罗田方言中表动作进行的句末助词有"在""的"两个。这两个助词还可连用为"在的"和"的在"，意义不变（张志华 2014）。罗田方言何以会拥有两个表动作进行的句末助词呢？我们认为合理的解释应该是罗田方言表持续的处所成分原本是"在的"，"在的"是"在里"的音变形式。[①] 后来虚化时，发生了两种演变方向。一种是省略"的"，

[①] 湖北有不少方言的"在里"弱化为"在的"，如天门方言（罗自群，1999）。

保留介引成分"在",形成"VP+在"格式。"VP+在"为进行体,"在"是表动作进行的句末助词。另一种是省略"在",保留处所词"的",形成"VP+的"格式。当"的"还有处所义时,因"时间顺序原则"制约,"VP+的"仍为持续体,"的"为持续体标记。但当"的"的处所义完全消失,"VP+的"因没有"时间顺序原则"的制约,便不再表动作的持续,而表动作的进行。此时"的"就会跟"在"一样,演变成一个表动作进行的句末助词,这也因此造成罗田方言出现了两个表动作进行的句末助词。

由上面讨论可以看出,"在+VP"和"VP+在"虽然都来源于处所成分"在(这)里/(那)里"的虚化,但处所成分所起的作用不同。二者的演化过程大致如图4-1:

在+VP:在(这)里/(那)里+VP $\xrightarrow{处所成分虚化}$ 在(这)里/(那)里+VP$_{进行体}$ $\xrightarrow{处所成分进一步虚化}$ 在+VP$_{进行体}$

VP+在:VP+在(这)里/(那)里 $\xrightarrow{处所成分虚化}$ VP+在(这)里/(那)里$_{持续体}$ $\xrightarrow{处所成分虚化为句末助词}$ VP+在$_{进行体}$

图4-1 "在+VP""VP+在"的演化

从图4-1上可以看出,"VP+在"类型受制于处所成分的演变情况。当处所成分还有处所义时为持续体,只有处所义完全消失后才是进行体。也即"VP+在"是从持续体演化来的,它是派生的。"在+VP"不同,它不受处所成分的制约,其处所成分不管如何演变都表进行,它是原生的。因此当某个方言存在"在"类进行体,必然有"在+VP"类型,但可以没有"VP+在"类型,如上文的淄博方言、沁水方言和红安方言等。

4.2.2.3 "在+VP+在"类进行体的来源

从"在+VP+在"的形式上观察,它的形成过程可能有两种。一种是在"在+VP"的后面添加句末助词"在"形成的,即"在+VP"+"在";另一种是在"VP+在"前面添加副词"在"形成的,即"在"+"VP+在"。如果是"在+VP"+"在",则"在+VP+在"本质上属于"在+VP"类型;如果是"在"+"VP+在",则"在+VP+在"本质上属于"VP+在"类型。

黄晓雪(2007)从武汉方言出发,认为"在+VP""VP+在"和"在+VP+在"这三种类型中,"在+VP"是基本的,"VP+在"和"在+VP+在"都是从"在+VP"派生出来的。

我们的观点与此不完全相同。如前所述,"在+VP"与"VP+在"的来源不同。"在+VP"来源"在(这)里/(那)里+VP","VP+在"来源"VP+在(这)里/(那)里",因此"VP+在"并不是从"在+VP"派生出来的。至于"在+VP+在"的来源,我们跟黄晓雪的观点一致,即认为"在+VP+在"是从"在+VP"派生出来的。因为"在+VP"是进行体的原生形式,是进行体最基本的表达形式。因此正常情况下,应该是"VP+在"中的句末助词"在"跟"在+VP"结合,即"在+VP"+"在",进而形成"在+VP+在"形式。这样看来,"在+VP+在"的形成最晚,它是在"在+VP"和"VP+在"都形成之后才出现的。

4.2.3 句末助词"在"的性质

"VP+在"和"在+VP+在"类进行体里面都有一个句末助词"在"。关于"在"的词性,许多学者也进行过探讨(汪国胜,1999;王求是,2007;盛银花,2010;汪化云,2016)。汪国胜(1999)、盛银花(2010)将这种句末助词"在"看作体助词,王求是(2007)认为是语气助词,汪化云(2016)则认为是语气助词兼表体标记。

我们同意汪化云的观点,即认为这种"在"是语气助词,但同时又带有一定的时体意义。下面以固始方言为例进行讨论说明。

(70)他吃饭在。

(71)他在吃饭在。

首先,仔细观察上述两句的句末助词"在",不难看出它具有很明显的确认语气。如例(70)、例(71)的"在"都确认"他吃饭"这件事正在进行。其次,"在"只处于句末,不位于句中,这种位置跟语气助词的位置相同。最后,"在"还有成句的作用,如例(70)的"他吃饭在"若去掉"在",则不成句。以上情况表明"在"是语气助词无疑。但不可否认的是，"在"除了语气作用，还具有一定的"体"意义。如例（70），其动作行为的进行完全是"在"赋予的，去掉"在"，动作行为的进行完全消失。这说明"在"又是一个表动作行为进行的体助词。

一般来说，一个具有多功能的词，其功能会有主次之分（邢向东，2015）。我们认为句末助词"在"的最主要功能是语气助词。如例（71）若去掉句末助词"在"，句子仍表动作进行，这表明动作进行完全是由副词"在"赋予的，跟句末助词"在"没有多大关系。只不过去掉"在"后，句子少了那种确认的语气。显然例（71）的句末助词"在"的主要功能是表语气。

"在"虽为语气助词，但由于又兼表体标记，所以跟典型的语气助词相比有一些差异。仍以固始方言为例。

单纯从语义和句法考虑，固始方言的语气助词大致可划分为两大类。第一类跟时体有一定关系，如"啦""唠"等；第二类纯粹表示语气，如"噱""吧"等。如：

(72) 他吃三碗啦 他吃三碗了。

(73) 你们来迟唠 你们已经来迟了。

(74) 你去学校噱 你去学校吗？

(75) 赶紧吃吧！

例（72）、例（73）的"啦""唠"确认事件的发生、实现或者出现了新的情况，均带有一定的时体意义。例（74）的"噱"表疑问，例（75）的"吧"表祈使，都纯粹只表语气。

这种语义差异，导致第一类语气助词跟第二类语气助词结合时，第一类语气助词总是出现在第二类语气助词之前。如：

(76) 他去北京唠噱 他去北京了吗？

(77) 你赶快把这活做啦吧 你赶紧把这些活干了吧！

"在"应该属于第一类语气助词，因为它总是位于第二类语气助词之前。如：

(78) 他吃饭在噱 他在吃饭吗？

(79) 他睡觉在吧 他应该在睡觉吧？

这表明"在"虽是语气助词，但跟第二类语气助词相比，它并没处于句法层次的最高位置，意义也没有涵盖整个句子，其管辖范围比第二类语气助词略窄。

不仅如此，"在"跟第一类语气助词结合时，也总是位于前面。如：

（80）他写作业在啦_{他在写作业了。}

（81）他正咱吃饭在唠_{他现在应该在吃饭了。}

这表明"在"虽是第一类语气助词，但跟"啦""唠"等第一类语气助词相比，其管辖范围更窄，时间语义也更明显。正是因为这个原因，所以当句中没有副词"在"，或者没有其他的时体助词时，语气助词"在"就会表现出明显的时体意义，从而使句子表达进行体，如例（70）。

4.2.4 余论

从地域上观察，"在"类进行体主要见于我国的中部地区，如河南南部、湖北东部和安徽西部等。我国的南部地区比较少见，其进行体主要还是"虚化处所词 + VP"形式。我国北部的很多方言虽有"在 + VP"类型的进行体，但没有"VP + 在"和"在 + VP + 在"类型。不过这些北部方言却普遍存在"VP + 语气助词"和"在 + VP + 语气助词"这两种类型的进行体。如：

（82）北京话：他开门呢。（刘一之，2001）

（83）山西屯留话：我在办生活嘞_{我在干活。}

（84）河南上蔡话：他给同学比赛哩_{他在跟同学比赛。}

这两种类型的进行体，其语气助词的声母多为［n/l］，非常一致，如例（82）—例（84）的"呢/嘞/哩"。为称说方便，本书暂将这两种类型的进行体称之为"VP + 呢/嘞/哩"和"在 + VP + 呢/嘞/哩"类型。

"VP + 在""在 + VP + 在"中的句末"在"也是语气助词，因此北部方言的"VP + 呢/嘞/哩""在 + VP + 呢/嘞/哩"与"VP + 在""在 + VP + 在"在本质上是一致的。这也使我们有理由怀疑"VP + 呢/嘞/哩""在 + VP + 呢/嘞/哩"的来源应该跟"VP + 在""在 + VP + 在"一样。只不过语气助词"在"来源于处所成分"在（这）里/（那）里"的介引成分"在"，而"呢/嘞/哩"则来源于"在（这）里/

(那)里"的处所词"里"①。上文中,我们以湖北罗田方言为例,论述了"VP+处所词"结构中处所词的处所语义若完全消失,处所词就会跟介引成分一样,演变成一个表进行的语气助词。因此,如果"呢/嘞/哩"来源于处所词"里"的猜测属实,则会进一步证实上述这一结论。

"在"类进行体是指"在+VP""VP+在""在+VP+在"等类型的句子,但并不能反过来说,凡"在+VP""VP+在""在+VP+在"等形式的句子都表进行体。下面以安徽六安丁集方言和湖北宜都方言为例简单讨论。

据刘祥柏(2000)观察,丁集方言有一个句尾的助词"在",它既可用在动宾短语后,又可用在动词后,但语法意义不同:用在动宾短语后表进行体,用在动词后却表持续体。如:

(85) 他在写字在他在写字。

(86) 房屋门在关在房间的门在关着。

(87) 他家的门老是锁在他家的门一直在锁着。

这种差异表面上看跟 VP 的性质有关,实质上却是"在"造成的。我们认为,用在动宾短语后面的"在"为语气助词,如例(85),用在动词后面的"在"却为持续体助词,如例(86)、例(87),二者并不一样。也即,丁集话有两个性质完全不同的助词"在",一个是语气助词,另一个是持续体助词。持续体助词"在"虽然位于句末,但却紧跟动词,并没有处于句法层次的最高位置,意义也没有涵盖整个句子,跟语气助词"在"完全不同。关于这个问题的详细论述,可参看叶祖贵(2013)。

再看宜都方言(李崇兴,1996):

(88) 帽子挂底墙上在。

(89) 绳子松倒在。

例(88)的结构为"V+处所词+在",例(89)的结构为"V+持续体标记+在"。这两种结构都表持续语义,不过李崇兴却认为这跟句尾的助词"在"有关。其实这两例表持续,都跟"在"没有关系,

---

① "呢/嘞/哩"的声母都是[n/l],也似乎表明它们确实来自处所词"里"。

"在"仅仅是一个语气助词。例(88)因为有实义处所词,受"时间顺序原则"制约,所以才表持续语义。李崇兴认为例(88)中的"在"可以省略,且语义没有发生根本改变,只是句子要由陈述句变为祈使句,这更加证明例(88)的"在"只是一个语气助词。关于例(89)这种类型的句子,钱乃荣和叶祖贵均把句尾的助词"在"看作进行体标记,不过他们认为持续体标记是主标记,进行体标记"在"只是辅助性标记,因此这种句子仍是持续体,表达的则是一种淡化的进行义(钱乃荣,2002;叶祖贵,2013)。我们认为例(89)的持续语义完全是由持续体标记"倒"造成的,跟助词"在"没有关系,"在"也不是进行体标记,它只是一个语气助词而已。

从六安丁集和宜都方言的讨论中可以看出,并非所有的"在+VP""VP+在""在+VP+在"形式都表进行体。它需要满足两个条件:其一,VP 后面没有处所词或持续体助词;其二,句尾的助词"在"是语气助词。

4.3 持续体

持续体表动作行为正在持续或正处于某种状态。根据第二节的讨论,固始方言的持续体用"V 仔""V 倒"表示。

4.3.1 V 仔

"仔"读[·tsɿ],和普通话的结构助词"着"有相近之处,但也有许多不同。它用在动词(有些是从形容词转化而来)后,表动作行为正在持续或正处于某种状态。根据其组合的形式和意义可以分为以下七类。

1)位于动作动词[1]之后,表动作行为正在持续,动词前可以加"正、在副词、正在"。如:
(1)他正吃仔饭,别去惹他。
(2)他正洗仔衣裳,没法去烧锅。

---

[1] "动作动词"及下面的"姿势动词""位置动词"等的具体分类详见胡裕树、范晓(1995)。

（3）我在做仔活，哪弄工夫跟你扯？

（4）他在砍仔树。

"仔"后还可加语气助词"在"，构成"V仔（O）在"格式。如：

（5）他走仔路在。

（6）他读仔信在。

（7）他正拖仔地在。

2）位于姿势动词、位置动词之后，表动作行为的状态正在持续，此时动词前可以有"正、在副词、正在"。如：

（8）他在椅子上躺仔。

（9）他手里拿仔一本书。

（10）她正抱仔她的孩子。

（11）他正在坐仔。

（12）他在站仔。

后面也可以添加语气助词"在"。如：

（13）墙上挂仔画在。

（14）他正蹲仔在。

3）用于存在句，表示以某种姿态存在。"仔"可以表动作行为正在进行，但更多的是表达状态的正在持续，动词前可以有"正、在副词、正在"。又可分为两小类。

①名处所+V仔+名施事，如：

（15）沙发上趴仔一条猫。

（16）路上走仔几个人。

（17）椅子上正坐仔个人。

②名处所+V仔+名受事，如：

（18）桌子上放仔几张纸。

（19）院子里拴仔两条狗。

（20）墙上正在挂仔画。

（21）池子里在养仔鱼。

整个句子后面也可以添加语气助词"在"。如：

（22）地下正爬仔蚂蚁在。

（23）他手里拿仔几本本书在。

4)"V仔"可以单独成句,此时多用于祈使句,表命令、要求对方保持某种动作状态。如:

(24)摸仔!别等它倒啦。

(25)坐仔!

(26)攥仔!

值得注意的是,除此之外,固始方言还有另一类用于祈使句的"V仔"。如:

(27)踢仔!

(28)碰仔!

(29)砍仔!

但此类"V仔"表提醒听话者不要让动作行为变成现实,并不表命令、要求对方保持某种动作状态。为了区分这两类"V仔",这里把命令、要求对方保持某种动作状态的"V仔"称作A类"V仔",把表提醒听话者不要让动作行为变成现实的"V仔"称作B类"V仔"。

A类"V仔"和B类"V仔"的差别很大。具体表现在:其一,能进入"V仔"的V不同。能进入A类"V仔"的V主要有"抱、搂、扶、拴、靠、攥、包、扣、贴、糊、买、绑、摸"等,这里将其称为"抱"类动词。能进入B类"V仔"的V主要有"踢、砍、踹、砸、咬、打、碰、烧、烫、撞、磕、逮"等,这里将其称为"踢"类动词。一般来说,"抱"类动词不能进入B类"V仔","踢"类动词不能进入B类"V仔"。其二,两类"V仔"的语义不同。A类"V仔"表命令、要求对方保持某种动作状态。B类"V仔"则表提醒听话者不要让动作行为变成现实,它有两个意思。一个表提醒听话者"别让某物V着了",另一个表提醒听话者"不要V着某物"。下面试以"踢仔"为例进行说明。

(30)(这里有匹马,你们都离远点,小心)踢仔!

(31)(旁边有几个小孩子,你们踢球时都注意一点,小心)踢仔!

例(30)的"踢仔"指提醒听话者"别让马踢着了",例(31)的"踢仔"指提醒听话者"别踢着小孩子"。它们语义虽然不同,但都表动作行为不要变成现实,即不要达到一种结果,含有警告意味。

不过上述歧义只是在静态环境下产生的,在实际交流中并不会产生。若想在静态环境下消除 B 类"V 仔"的歧义，则必须要在"V 仔"的前面或后面添加"某物"。当"某物"位于"V 仔"前面，则只表"别让某物 V 着了"；当某物位于"V 仔"后面，则只表"别 V 着某物了"。如：

　　甲：树砸仔！｜狗咬仔！｜水烫仔！｜刀砍仔！
　　乙：砸仔树！｜碰仔人！｜砸仔门！｜烧仔手！

"甲类"的"某物"都位于"V 仔"前面，因此只表"别让某物 V 着了"，如"树砸仔"表"别让树砸着了"。乙类的"某物"都位于"V 仔"后面，因此只表"别 V 着某物"，如"砸树仔"表"别砸着树"。

"抱"类动词与"仔"结合表命令、要求动作行为要达到一种状态，"踢"类动词与"仔"结合表命令、要求动作行为不要达成一种结果，二者在语义上是完全相反的。这种语义上的相反从表面上看似乎跟动词相关。因为"踢"类动词的动作行为一旦发生，都会对其受事造成一定的伤害，而跟"抱"类动词明显不同。但其实不然。B 类"V 仔"其实是在紧急情况下的一种急省。它的完整形式有两个：一个是"不要被某物 V 仔"，另一个是"不要 V 仔某物"，但在紧急情况下为了能及时地警告、提醒听话者不要让动作行为变成现实，前一个形式会急省为"某物 V 仔"，后一个形式会急省为"V 仔某物"，然而更多的时候二者都会直接急省为"V 仔"，以便更及时地警告、提醒听话者。

承蒙吴伟军教授亲口告诉，贵州安顺也有一种表达此种意义的格式，它用"V 倒"表示。如：

（32）撞倒嘞_{不要被撞着}！

（33）砸倒嘞_{不要被砸着}！

（34）碰倒脑壳嘞_{脑壳别被碰着}！

不过安顺方言这种"V 倒"格式的后面一般要有语气词"嘞"。加"嘞"含有警告和不耐烦语气，虽在情况紧急和嗔怪的语气下也可省，但不省更常见些。同时"V 倒"这种格式只有提醒听话者"不要被某物 V 着"这一种语义，这一点也与固始方言的 B 类"V 仔"不同。

这两类祈使性的"V 仔"，只有 A 类"V 仔"属持续体，此类的"仔"为持续体标记助词。B 类"V 仔"表动作行为不要达到某种结果，并不表持续体，此类的"仔"可处理为表结果的助词。

5）用于"V_1仔V_2"格式的连动式，"V_1"多为单音节动词，根据"V_1"和"V_2"的语义关系可以分为两类。

① "V_1"是"V_2"的伴随方式，"V_1仔"有的表动作行为正在进行，有的表状态正在持续，其后可接宾语。如：

(35) 他哭仔跑出去啦。

(36) 他唱仔歌跑来啦。

(37) 他们说仔话走进屋啦。

(38) 坐仔看！

(39) 他低仔头说话。

(40) 他抿仔嘴笑。

② "V_1"和"V_2"是方式和目的关系，"V_1仔"多表达状态的持续，后面可以接宾语。如：

(41) 他等仔上班。

(42) 这菜留仔给你妈吃！

(43) 你别打搅他，他这段时间在忙仔写文章。

6）在"$N_名 V$仔"结构里，当几个"$N_名 V$仔"（多为两个）连用时，往往表达某一整体概念，体现的是一种状态。如：

(44) 你就知道烟叼仔，手背仔，啥都不斗做。

(45) 他见天天天就知道茶喝仔，腿翘仔，啥活也不知道去做。

(46) 他现在傲骄傲得不得了，头昂仔，脸黑仔，好像天底下就他是老一。

如例（44）中的"烟叼仔，手背仔"是"啥也不做"的具体表现，且天天如此。

7）加在某些动词后面，使其成为介词。如：

(47) 沿仔河埂走。

(48) 朝仔大路走。

(49) 顺仔井边子往下滑。

从上面的讨论中可以看出表持续体标记"仔"跟普通话的持续体标记"着"大致相当。但也有不同之处，最突出的差异是"仔"能与非持续性动词搭配。如：

(50) 这鱼死仔在。

(51) 这树倒仔路上在。

而普通话的"着"一般不出现在非持续性动词后面。

4.3.2 V倒①

"倒 [·tau]"用在动词后面，表动作行为完成后处于持续状态。跟持续体标记"仔"不同的是，"倒"特别强调动作"完成"之后的一种持续状态，如"坐倒"表先"坐下来"，然后其结果处于"坐着"这种状态。也即"倒"还具有一定的词汇意义，并不是一个纯粹的助词，它对前面的动词具有一种补充作用，可以将其处理为动相补语。

"V倒"后面若接方位和处所性词语，则表动作行为的趋向，即可以将"倒"处理为趋向补语。如：

(52) 把车子停倒学校。

(53) 挂倒墙上挂在墙上。

趋向补语的"倒"也有一定的持续语义，不过相对于动相补语的"倒"，这种持续语义不太明显。

"V倒"句末如果加上语气词"啦""唠"，还可表动作行为的"能够""可以"，可以将"倒"处理为可能补语。② 如：

(54) 爬倒树上啦他能够爬树上。

(55) 弯倒啦能够弯下去。

相对于动相补语和趋向补语"倒"，可能补语"倒"基本没有持续语义。

因此从语义类别上看，"倒"可分为动相补语、趋向补语和可能补语三种。③ 下面先讨论动相补语的"倒"。

---

① 固始方言"倒"的用法特点跟安徽六安丁集的体貌助词"倒"非常接近（刘祥柏，2000），因此下面不少说法均来自该文。

② 也有学者（柯里思，1995）认为这种形式的"倒"为结果补语，其"能够"的语义是动词词尾"啦"造成的。但本书暂且将这种形式的"倒"处理为可能补语。关于这个问题，第5章会有讨论。

③ 其实完全可以将"V倒"处理为述补结构，或者将"倒"处理为完成体标记。但鉴于动相补语和趋向补语的"倒"具有一定的持续语义，故本书暂将其放在持续体标记中讨论。

4.3.2.1 动相补语的"倒"

"倒"作动相补语时,"V 倒_动相_"可以分为三类。

1) 表动作行为完成后的一种持续。此类句子常用于陈述句,且句子末尾多用助词"啦"煞尾。当动词为及物动词时,还可用于"把"字句。如:

(56) 我站倒啦_我已经站着了_。

(57) 他竟然绑倒啦。

(58) 我把它挂倒啦_我把它挂着了_。

(59) 他已经趴倒啦。

上述例句的"啦"不能省略,一旦省略,句子便基本不能说。不过当"V 倒_动相_"前出现"能""应该"等能愿动词时,"啦"可以省略。如:

(60) 我能把井盖倒。

(61) 这沟他应该填倒啦。

当动词为不及物动词时,则不能用于"把"字句 [以下第 2) 类、第 3) 类也如此]。如:

不及物:$\begin{cases} *我把它蹲倒啦。\\ *他把你站倒啦。\end{cases}$ 及物:$\begin{cases} 我把它捆倒啦。\\ 他把它糊倒啦。\end{cases}$

2) 表要求、命令某种动作行为要保持某一状态。此类句子多用于祈使句,此时的"V 倒_动相_"可单独成句。当动词为及物动词时,还可以用于"把"字句。如:

(62) 站倒_站着_!

(63) 趴倒!

(64) 把帽子戴倒!

当"V 倒_动相_"用于疑问句时,则表询问是否要保持某一种状态。如:

(65) 我把他搂倒好①_我把他搂着,好不好?_

(66) 他可以趴倒吧_他可以趴着吧?_

3) "V 倒_动相_"在连动短语中作前项,既可以是连动后项的伴随方

---

① "好"为语气词。

式，也可以和连动后项构成方式和目的关系。若动词为及物动词，还可用于"把"字句。如：

（67）蹲倒拣麦。

（68）他们坐倒吃饭。

（69）把它挂倒看！

（70）俺们把它吊倒打。

"蹲倒拣麦"有两个语义：①"蹲倒"作"拣麦"的伴随方式；②"蹲倒"的目的是"拣麦"，二者是一种"方式和目的"的关系，并且这两个动作还具有先后关系，即先"蹲倒"，然后再"拣麦"。其他几例也如此。

"V倒_{动相}"可以接宾语，不过宾语一般多为数量（名）宾语。如：

（71）四个水龙头堵倒三个。

（72）校长这次逮倒好几个迟到的。

有时也可为非数量（名）宾语。如：

（73）你扶倒车子。

（74）你踩倒它，别等它跑啦。

但这种非数量（名）宾语的用法很不常见，更习惯的用法则是用"把"字将其置于"V倒_{动相}"之前。如例（73）、例（74）最常见的说法是：

（75）你把车子扶倒。

（76）你把它踩倒，别等它跑啦。

值得注意的是，能带宾语的"V倒_{动相}"并不多，大多数的"V倒_{动相}"是不能带的。如不能说：

（77）＊树上挂倒几斤肉。

（78）＊他坐倒椅子。

（79）＊吊倒它。

4.3.2.2 趋向补语的"倒"

"V倒_{趋向}"后面多接方位和处所性词语。如：

（80）挂倒墙上。

（81）把肉放倒锅里。

（82）把车停倒学校。

"V 倒 趋向" 一般不能接时间性词语。如不说：

（83）＊做倒十二点。

（84）＊等倒九点钟。

"V 倒 动相、趋向" 对动词 V 的选择比较严格。从动词的"情状"上看，能够进入"V 倒 动相、趋向"格式的动词基本都是"静态"中的姿势动词和位置动词，其他动词很难进入该格式。关于动词的"情状"分类，详见图 4-2。

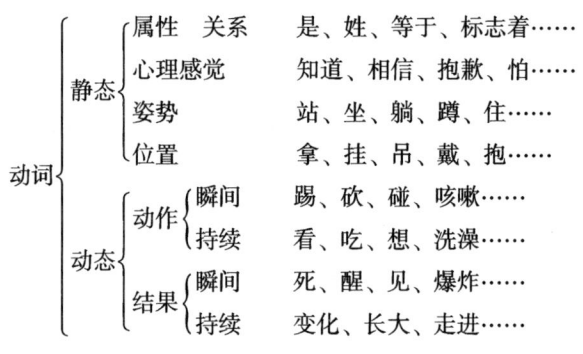

```
         ┌ 静态 ┌ 属性  关系   是、姓、等于、标志着……
         │      │ 心理感觉    知道、相信、抱歉、怕……
         │      │ 姿势        站、坐、躺、蹲、住……
动词 ┤      └ 位置        拿、挂、吊、戴、抱……
         │      ┌ 动作 ┌ 瞬间   踢、砍、碰、咳嗽……
         └ 动态 │      └ 持续   看、吃、想、洗澡……
                 │ 结果 ┌ 瞬间   死、醒、见、爆炸……
                 └      └ 持续   变化、长大、走进……
```

图 4-2　动词的"情状"分类①

图 4-2 中，"属性、关系、心理感觉"等动词只有较明显的静态性，没有什么动作性；"动作、结果"等动词的动作性非常明显，但动作完成后，并不会呈现出一种"静止"的状态性；"姿势、位置"等动词的动作性不仅非常明显，而且动作完成后，还会呈现出一种相对"静止"的状态性，既具有动态性，又有静态性。而进入"V 倒 动相、趋向"格式的动词，除了具有一定的动作行为外，还要在动作完成后呈现一种"静止"的状态性。为此可以比较下面甲、乙两类：

甲类：　坐倒　　跪倒　　埋倒　　站倒　　弯倒　　趴倒
乙类：＊怕倒　＊姓倒　＊唱倒　＊跑倒　＊走倒　＊写倒

甲类动词中，都有较明显的动作性，而且动作完成后都会呈现出一种相对"静止"的状态。如"坐"的动作性明显，且在动作完成后会呈现"坐着"这种相对"静止"的状态。乙类动词中，"怕、姓"没有

---

① 该图取自胡裕树、范晓（1995：171）。

什么动作性,"唱、跑、走、写"虽动作性明显,但这些动作完成后均不会呈现一种相对"静止"的状态。如"唱"的动作一旦完成,"唱着"这种状态也就结束了,且"唱着"的动态性很强,并不是一种相对"静止"的状态。也即甲类动词都具有[+动作性]和[+静态性]这两项语义特征,而乙类动词没有。故甲类动词能够进入"V倒_{动相、趋向}"格式,而乙类动词不能。

因此能够进入"V倒_{动相、趋向}"格式的动词基本为姿势动词和位置动词,是一个可以列举的封闭的类。常见的有"躺、养、挂、补、栽、埋、扶、站、坐、关、焖、跪、踩、锁、泡、缠、铺、码、叠、垫、堵、填、抵、搂、抱、捂、按、闭、晒、停、住"等。

上述这些动词中,有的为及物动词,如"养、栽、埋、踩、叠"等,有的为不及物动词,如"躺、站、坐、住"等。但无论是及物动词,还是不及物动词,"V倒_{动相、趋向}"跟普通话之间总缺少一个完全恰当的对应词语,必须根据每一个动词来对应成不同的说法。有的还可以对应好几种说法。如"锁倒"既可以对应"锁上",也可以对应"锁起来""锁住"。大概说来,可以跟"V倒_{动相、趋向}"对应成的词语主要有"V起来""V上""V下来""V下""V住"等,但至于对应成其中的哪一个,并没有什么明显的规律。如:

①V起来: 藏倒｜吊倒｜挂倒｜腌倒……
②V下来/V下:弯倒｜趴倒｜跪倒｜坐倒……
③V上: 关倒｜带倒｜抿倒｜戴倒……
④V住: 捂倒｜踩倒｜摸倒｜扶倒……①

"V倒_{动相、趋向}"有否定和反复问形式。"V倒_{动相、趋向}"的否定形式有"没V倒_{动相、趋向}""不V倒_{动相、趋向}""别V倒_{动相、趋向}"三种。其中"没V倒_{动相、趋向}"否定的是已然情况,"不V倒_{动相、趋向}"否定的是未然情况,它们多用于陈述句和疑问句,"别V倒_{动相、趋向}"多用于祈使句。如:

---

① 前面谈到"V倒_{动相}"可接宾语,但其实准确的说法应该是具有"V住"语义的"V倒_{动相}"才能接宾语,而"V起来""V上""V下来""V下"等语义的"V倒_{动相}"一般不接宾语。

(85) 我没把它挂倒动相。

(86) 我不睡倒动相好？

(87) 别站倒动相！

(88) 没埋倒趋向地里。

(89) 他不睡倒趋向床上。

(90) 这画别贴倒趋向墙上。

"V倒动相、趋向"的反复问形式为"可①V倒动相、趋向"。"可V倒动相、趋向"句末若加语气词，一般为"蛮"，但不能是"啦""唠"。不加"蛮"时，询问的是未然情况，加"蛮"后询问的是已然情况。下面是不加"蛮"的情况：

(91) 可盖倒盖不盖上？

(92) 可埋倒地里埋不埋在地里？

例（91）的"倒"为动相补语，例（92）的"倒"为趋向补语，它们询问的均是未然情况。如果加语气词"蛮"，则询问的是已然情况。如：

(93) 可盖倒蛮盖没盖上？

(94) 可埋倒地里蛮埋没埋在地里？

4.3.2.3 可能补语的"倒"

"倒"作可能补语时，"V倒可能"表动作行为的"能够、可以"。后面既可接宾语，也可不接宾语。如：

1）接宾语。如：

(95) 他现在长大啦，一个人捆倒这些柴火啦他现在长大了，一个人可以捆住这些柴火了。

(96) 这东西不重，我扶倒它啦。

但接宾语的情况不太常见。

2）不接宾语，这种情况非常普遍。如：

(97) 这筐他挂倒啦他能把这筐挂上。

(98) 她一岁多啦，站倒啦她一岁多了，能站住。

(99) 这树长倒两米高啦这棵树能长两米。

---

① "可"为表反复问的疑问副词，详见8.5.1。

（100）这堆柴火烧倒一个月啦。

（101）我跑倒家啦。

（102）他爬倒树上啦。

例（99）—例（102）中，"V倒可能"后面或是数量（形）短语，或是处所词，或是方位短语。它们均作"V倒可能"的补语。

跟"V倒动相、趋向"相比，"V倒可能"对动词的限制不严，即使不是姿势动词和位置动词也进入"V倒可能"结构。如：

（103）他正咱不累，砍倒半夜啦。

（104）我看倒对面的山啦我能看见对面的山。

"V倒可能"中间可以添加助词"得"，形成"V得倒可能"形式。①"V得倒可能"比"V倒可能"更自由，句中即使没有语气词"啦"或助动词"可以""能"等也可以说。如：

（105）货不多，他装得倒。

（106）他现在好多啦，自己坐得倒。

（107）这门他锁得倒。

"V倒可能"也有其否定形式和反复问形式。否定形式为"V不倒可能"，反复问形式为"可V倒可能"。若"V倒可能"添加助词"得"形成"V得倒可能"形式时，则其反复问既可为"V可倒可能"，又可为"可V得倒可能"。如：

（108）我□[ˬk·iɛ]老子膝盖疼，弯不倒。

（109）这门你可关倒啦？

（110）他捆可倒这些柴火？

（111）这猪这么有劲，你几个可按得倒？

其中"可V倒可能"形式的反复问后面一般要加语气词"啦""唠"，但不能是"蛮"，如例（109）。

值得注意的是，"V得倒可能""V可倒可能""可V得倒可能"中的"倒"读[ˬtau]，上声，而"可V倒可能"中的"倒"读[·tau]，轻声，它们读音并不相同。

---

① "V得倒可能"也可以看作是"V倒动相、趋向"中间添加助词"得"形成的。第5章的"V到""V着"等也同此。

4.3.2.4 "倒"的歧义问题

"倒"既可以作动相补语、趋向补语,又可以作可能补语,因此"V倒"有时会有歧义。① 如:

(112) 他蹲倒啦 1. 他蹲下来了;2. 他能够蹲下来。

(113) 挂倒钩子上啦 1. 挂在钩子上了;2. 能够挂在钩子上。

不过这种歧义很容易分辨。分辨的方法主要有两个。

1) "V倒动相、趋向"和"V倒可能"的否定形式不同。"V倒动相、趋向"的否定式为"没V到""不V到""别V到",而"V到可能"的否定式为"V不到可能"。

2) "V倒动相、趋向"和"V倒可能"的反复问形式也不同。"V倒动相、趋向"的反复问为"可V倒";"V倒可能"的反复问为"可V倒可能",若"V倒可能"中间添加助词"得",则反复问形式为"V可倒可能"和"可V得倒可能"。虽然"V倒动相、趋向"和"V倒可能"的反复问都有"可V倒"这一形式,但仍能区分开。因为"可V倒可能"后面一般要加语气词"啦""唠",而"可V倒动相、趋向"后面可加可不加,如果要加,也只能为"蛮",不能为"啦""唠"。因此句末有语气词"啦""唠"的,肯定是"可V倒可能",句末没有语气词或语气词为"蛮"的,肯定是"可V倒动相、趋向"。如:

(114) 可躺倒啦?

(115) 可躺倒蛮?

(116) 可埋倒?

例(114)句末有语气词"啦",因此"倒"为可能补语;例(115)有语气词"蛮",例(116)句末没有语气词,则"倒"为动相补语。

前文将"倒"称为助词,但它显然不是一个纯助词。因为:

①纯助词是不能作补语的,"倒"却可以作补语。

②纯助词的词汇意义已经虚化,但"倒"的词汇意义并未完全虚化。

---

① "倒"是否为动相补语或趋向补语,完全受制于"倒"后面成分的句法性质。一般来说,当"V倒"后面为方位、处所性词语时,"倒"为趋向补语,否则为动相补语,因此二者并不存在歧义。

③ "倒"可以有"V 不倒"和"V 可倒"的否定和反复问形式，"不"和"可"均是副词，而纯助词前是不能加副词的。

因此若将"倒"看成纯助词是难以解释上述现象的。其实，如果从历时的角度来看，会发现有许多半虚化的准体助词是从趋向动词发展而来的，如"起来、下去、起、上、下"等。所以"倒"极有可能也是一个从趋向动词逐渐向助词转化，但还未完全转化的助词。因而它具有动词的某些特点，如作补语、受副词修饰等，所以对"倒"的合理称呼应该为准动态助词。

4.3.3 "V 仔""V 倒$_{动相}$"的区别①

"V 仔"和"V 倒$_{动相}$"虽都表持续，但二者区别明显，很多时候都不能互换。比如"倒"一般只能跟姿势动词和位置动词结合，不能跟动作、结果、心理感觉、属性等动词结合，因此只要是由动作、结果、心理感觉等动词组合的"V 仔"是不能跟"V 倒$_{动相}$"互换的。即使是姿势动词和位置动词，很多情况下也不能互换，一旦互换，语义就会发生变化。这在"V 倒$_{动相}$"的第 3）种的用法中表现得尤为明显。

"V 倒$_{动相}$"在连动短语中作前项时有歧义，它既可以是连动后项的伴随方式，也可以和连动后项构成方式和目的关系。而"V 仔"作连动前项时只能作连动后项的伴随方式。如：

（117）按倒打≠按仔打。

（118）坐倒看电视≠坐仔看电视。

如例（117）的"按倒打"既可表"先按住再打"，又可表"按住打"，而"按仔打"只表"按住打"。

有时能够用"仔"的句子，一旦换为"倒"则句子不成立。如可以说"站仔去""抬仔走"，但却不能说"＊站倒去""＊抬倒走"。

此外，"V 仔"可以接宾语，不接补语，"V 倒$_{动相}$"一般不接宾语，即使接宾语，也主要接数量（名）之类的宾语。

---

① 之所以不比较"V 仔"和"V 倒$_{趋向、可能}$"，一是因为二者语义差异显著，二是因为"V 倒$_{趋向、可能}$"的"持续"语义不明显。

4.3.4 余论

本书将"V仔""V倒"中的"仔""倒"都看作持续体,[①] 而不考虑动词 V 的性质。但不少学者并不这么认为,如郭锐(1993)曾将普通话的助词"着"分为三类:

(119)吃着饭呢。

(120)门口坐着一个人。

(121)地上扔着一双鞋。

郭锐认为例(119)的"着"表动态动作的进行,称作"着$_1$";例(120)的"着"表动词词义本身指明的静态状态的固定,称作"着$_2$";例(121)的"着"表动作结束后留下的状态的固定,称作"着$_3$"。

若对照普通话,固始方言的"仔"跟普通话的助词"着"基本对应,而"倒"则近似于"着$_2$""着$_3$"[②]。

汪化云(2016)认为郭锐的"着$_1$"为进行体,"着$_2$""着$_3$"为持续体。若按照这种观点,则固始方言的"倒"为持续体标记,而"仔"有持续体和进行体两种标记功能:跟姿势动词、位置动词等结合时表持续体,跟其他动词结合时表进行体。我们则认为固始方言"仔"具有动态/静态二重性,这种二重性跟动词的语义特征有密切关系。"仔"和动态语义特征的动词结合时多具有动态性,和静态语义特征的动词结合时多具有静态性。但不管是动态性还是静态性,"仔"都只是持续体标记。以前很多学者根据动词的语义特点将普通话的"着"分为"着$_1$"和"着$_2$",认为"着$_1$"表进行,"着$_2$"表持续,这显然没有注意到静态是一种持续,动态其实也是一种持续。

有些方言则将动态持续和静态持续分用不同的助词来表示。如:

(122)贵州贵阳话:坐倒吃饭。|拿起本书看。(涂光禄,1996)

(123)重庆话:我们开倒会等他。|她经常背起个绿书包。(喻遂生,1990)

[①] 表祈使的 B 类"V 仔"及"V 倒可能"除外。

[②] "倒$_{动相}$"还没有完全虚化为持续体标记,它和普通话的"着$_2$""着$_3$"也完全不同,这里说"近似"只是权宜的说法。

（124）湖南安仁话：打起巴掌笑。｜老师坐到讲时闻。（陈满华，1996）

（125）广东广州话：细妹插紧花。｜佢坐住做气功。（彭小川，1996）

上述方言都有两个动态助词，其中一个助词多表现为动态，如贵阳和重庆方言的"倒"，安仁方言的"起"，广州方言的"紧"，另一个多表现为静态，如贵阳和重庆方言的"起"，安仁方言的"到"，广州方言的"住"。彭小川（1996）、王健（2005）倾向于将前者看作进行体，后者看作持续体，我们则认为都是持续体。

动态助词"仔""倒"在其他方言中也广泛分布。而关于其来源，学者们也进行了较深入的讨论，但观点不太一致。梅祖麟（1988）认为汉语方言表持续的体貌助词都与"著（着）"有同源关系，如吴语的"仔"、湘语的"达"、蜀语的"到"，都可能来自"着"。宋金兰（1994）认为汉语方言的"仔""倒""住"等持续标记应该来自"在"。吴福祥认为"倒"来自动相补语的"到"（吴福祥 2002），"着"来源于魏晋南北朝时期的"动＋着＋处所词"格式中"到"义趋向补语"着"（吴福祥，2004）。罗自群（2006）的观点接近梅祖麟，即认为汉语各地方言的持续标记都来源于中古的带有附着语义的"著"，如"着""倒""紧""等""得""嗒""仔"等。如果说汉语方言的"着""倒"有同源关系，还比较可信，但若说"着""倒""紧""等""得""嗒""仔"等都有同源关系，就稍显牵强。即使说"着""倒"同源，难度也不小，因为大量文献都表明"倒"与"着"来源并不相同（吴福祥，2004）。因此关于"着""倒"的真正来源，尚需进一步研究。不过本书暂且同意梅祖麟的观点，认为持续体标记"仔""倒"均来源于中古带有附着语义的"著"，即"仔"与"倒"有同源关系。

4.4　尝试体

尝试体表动作行为的一种随意、尝试。固始方言用"V 一下子、VV 看"表达。

4.4.1 "V一下子"

表动作行为尝试的时间较短,一般用于祈使句中,表请求。如:
(1) 这糖我尝一下子!
(2) 让我摸一下子!
(3) 这车我开一下子!
(4) 这书你借我读一下子!
"V一下子"有时也说成"V一下"或"V下子""V下"。如:
(5) 我看一下。
(6) 你让他瞅一下!
(7) 这衣服我穿下子。
(8) 我试下子可以嚒?
(9) 电脑借我用下。

4.4.2 "VV看"

表动作行为的尝试,如"穿穿看|走走看|试试看|用用看|喝喝看"等。不过这里的"看"与普通话的助词"看"略有不同。它只用在动词重叠式的后面,而不能放在带动量、时量补语的动词后面。如可以说"让他试试看|我上那瞧瞧看",但不能说"﹡叫两声看|﹡做几天看"。

"V一下子/V一下/V下子/V下"若有受事时,受事习惯性置于句前作主语,例子见上。但也可作宾语。如:
(10) 你尝一下子菜,看可熟蛮?
(11) 你让他开一下车。
(12) 我看下子他就走。
(13) 让我试下这双鞋。
"VV看"的受事只能作主语,不能作宾语。如可以说:
(14) 这鞋我试试看。
(15) 这笔我用用看。
(16) 这菜尝尝看。
但不能说:

(17) ＊我试试看这鞋。
(18) ＊我用用看这笔。
(19) ＊尝尝看这菜。

第 5 章　特殊的述补格式

述补结构中，补语既可以说明动作行为的结果、趋向、可能，也可以说明性状的程度、事物的状态等。固始方言的述补结构整体上跟普通话有较大的一致性，但也有一定的差异性。最显著的差异是固始方言中表结果、动相、趋向、数量等述补结构，在静态环境下还可以表动作行为的"能够、可以"。如：

（1）我做好啦 1. 我做好了；2. 我能够做好。

（2）我看到啦 1. 我看到了；2. 我能够看到。

（3）走上去啦 1. 走上去了；2. 能够走上去。

（4）我做一天啦 1. 我做一天了；2. 我能够做一天。

上述例句在静态环境下都含有两种意思，一种为动作行为的"结果/趋向/数量"，另一种表动作行为的"能够、可以"。如例（1）的"我做好啦"或表"我已经把某种东西做完成了"，为已然，此时的"好"为结果补语；或表"我能够把某种东西做完成"，为未然，此时的"好"为可能补语。

但特殊的是，可能补语的述补结构后面必须接助词"啦"或"唠"，而结果、动相、趋向、数量等补语的述补结构可以不接"啦"或"唠"。如：

（5）把饭吃完。

（6）吃完好语气词？

（7）吃完啦/唠？

上述三例中，前两例都没有"啦/唠"，因此"完"肯定不是可能补语。后一例有"啦/唠"，因此"完"既可以是结果补语，也可以是可能补语。后一例的"啦/唠"如果去掉，则"完"肯定不是可能补语。也即固始方言的述补结构只有接了助词"啦""唠"后,补语才可能为可能补语。

这种现象在北方官话比较普遍。柯理思(1995)把这种功能的助词统一记作"了",并认为"了"为表可能的动词词尾。如果按照柯理思的观点,则固始方言表"能够、可以"的"吃完啦/唠"中的"完"应该处理为结果补语,而不是可能补语,"吃完啦/唠"之所以有"能够、可以"的语义,完全是"啦/唠"造成的。

不过固始方言的这种"啦/唠"跟其他北方官话略有不同。其一,北方官话存在可能词尾"了"的方言中,其动态助词"了"和语气助词"了"的读音不同,而固始方言的"啦""唠"无论作动态助词还是语气助词,其读音完全相同;其二,北方官话某一具体方言中一般只存在一个这样的可能词尾"了",而固始方言则有"啦""唠"两个。

柯理思注意到山西西区、陕北地区虽存在可能词尾"了",但动态助词"了"和语气助词"了"的读音却完全相同。柯理思对此的解释是这些方言可能属于另外一个系统,如此则固始方言也应属于另外一个系统。

且最为关键的是,固始方言这种表"能够、可以"的述补结构后面经常接宾语。如:

(8) 他洗好衣裳啦。

(9) 老张喝完这瓶酒唠。

这种情况下的"啦""唠"处理为语气词显然会更好。鉴于此,本书暂不采取柯理思的观点,而是认为固始方言中表"能够、可以"的述补结构中的"啦""唠"仅仅为语气词,并不看作为表可能的词尾。如果这样,则固始方言的结果、动相、趋向、数量等述补结构在静态语境下还可以表动作行为的"能够、可以"。

本书不打算对固始方言的述补结构作全面检讨,而只讨论比较有特点的几个述补格式,如"V 到""V 着""V 了[$^{\subset}$liau]""V 得"等。下面先讨论"V 到"。

5.1 V 到

"V 到"是个不自由形式,其后面须接宾语或补语,或者句尾有语气助词"啦、蛮、唠"等。如：

(1) 他爬到山顶上去啦。

(2) 我看到他进来啦。

(3) 你放心，我正咱现在一点瞌睡也没得，熬到十二点啦。

(4) 你挖到蛮你挖到了没有？

上述四例的"到"，有的作趋向补语，如例（1）、例（4）；有的作动相补语，[①] 如例（2）；有的则为可能补语，如例（3）。

5.1.1 趋向补语"到"

"V 到趋向"后面要接处所、方位、时间等词语。"V 到趋向"接处所、方位词语时，表动作行为延至某处，此时处所词语、方位词语后面一般还要有"来、去"等趋向动词。如：

(5) 他找到山上来啦。

(6) 把它捆到树上去蛮？

(7) 他死到外地□［ᶜtaŋ］外地去啦。

(8) 老张跑到街上来啦。

(9) 吃到嘴里，凉到心里。

此类的"到"对动词的选择比较宽泛。不论是持续动词，还是非持续动词，及物动词还是非及物动词，都可入句。比如例（5）、例（6）的动词既为持续性动词，又为及物动词，例（7）、例（8）的动词既为非持续性动词，又为不及物动词，例（9）的"吃"为及物动词，"凉"为不及物动词。

"V 到趋向"接时间性词语时，表动作行为延至某一时间。此时的 V 必须为持续性动词，非持续性动词不能入句。如可以说：

(10) 他做到天黑也没有做完。

(11) 雨下到十二点才停。

(12) 俺们等到六点吃饭。

---

① 也有很多学者把这种"到"处理为结果补语。不过这种"到"已经没有具体的语义，只表示动作行为的实现，其虚化程度已经很高，处理为动相补语更好。5.2、5.3 的"着""了［ᶜliau］"也是。

但不能说：

（13）＊我来到十一点多啦。

（14）＊他懂到十二岁。

"V 到趋向"的否定形式有"没 V 到趋向""不 V 到趋向""别 V 到趋向"三种。其中"没 V 到趋向"否定的是已然情况，"不 V 到趋向"否定的是未然情况，它们多用于陈述句和疑问句，"别 V 到趋向"多用于祈使句。如：

（15）我没等到十点。

（16）不扔到那个地□［ᶜtaŋ］嚜不扔到那个地点吗？

（17）你今个有点累，别做到下班。

"V 到趋向"的反复问形式为"可 V 到趋向"。"可 V 到趋向"句末若加语气词，一般为"蛮"，但不能是"啦""唠"。不加"蛮"时，询问的是未然情况，加"蛮"后询问的是已然情况。下面是不加"蛮"的情况：

（18）你可坐到十二点你坐不坐到十二点？

（19）可绑到柱子上绑不绑到柱子上？

上面两例询问的都是未然情况。如果加语气词"蛮"，则询问的是已然情况。如：

（20）你可坐到十二点蛮你坐没坐到十二点？

（21）可绑到柱子上蛮绑没绑到柱子上？

5.1.2　动相补语"到"

"V 到动相"多带宾语，但也可以不带。带宾语时，可根据动词和宾语的特点分为 3 个小类。

1）V 为一般行为动词，宾语多为名词、代词或名词性短语，表达动作行为达到目标、目的。如：

（22）我头碰到门啦。

（23）我找到他啦。

（24）我今个今天钓到几条鱼。

2）V 为感知动词，宾语多为短语或小句，表达感知到某一情况。如：

（25）他听到我来啦。

（26）我瞧到你家在哪嗨哪儿啦。

（27）我早就想到你今个不得不会来。

3）V为身体感受的动词（有些是由形容词转化而来），表示感受达及某一部位。如：

（28）疼到骨头里。

（29）你凉到他心啦。

"V 到动相"不带宾语时，句尾必须有"啦、蛮、唠"等语气词。如：

（30）他早就喝到啦。

（31）你看到蛮你看到了没有？

（32）你挖到唠你是不是挖到了？

"V 到动相"的否定形式有"没 V 到动相""别 V 到动相"两种。其中"没 V 到动相"多用于陈述句和疑问句，"别 V 到动相"多用于祈使句。如：

（33）我没找到他。

（34）别挖到石头。

"V 到动相"不能用"不"否定，即没有"不 V 到动相"形式。如不说：

（35）*我不看到他。

（36）*我不想到你。

这是因为"V 到动相"表动作行为的实现，为已然情况，而"不"否定的是未然情况，二者语义冲突，因此无法共现。

"V 到动相"的反复问形式为"可 V 到动相"，这跟"V 到趋向"的反复问形式一样，但不同的是"可 V 到动相"后面必须加语气词"蛮"，而"可 V 到趋向"的语气词"蛮"可加可不加。下面是"可 V 到动相"的例子：

（37）你可看到他蛮？

（38）他可找到你蛮？

5.1.3 可能补语"到"

"V 到可能"可以带宾语、补语，也可以不带。如：

（39） 他够到树上的柿子啦他可以够到树上的柿子了。

（40） 他挖到黄鳝啦他能挖到黄鳝。

（41） 他走到北京啦他能走到北京。

（42） 他吃到嘴啦他能吃到。

（43） 他熬到天亮啦他能熬到天亮。

"V到可能"中间还可添加助词"得"，形成"V得到可能"形式。"V得到可能"比"V到可能"显得自由灵活一些，句子后面不用出现"啦、唠"等语气词。如：

（44） 他找得到。

（45） 挂得到楼上。

（46） 他摸得到。

上述句子也可加"啦"，但加"啦"后语义不同。如"他找得到"只是客观陈述"他能找到"这一事实，而"他找得到啦"表"他现在能找得到了"，暗含以前找不到。即"V得到可能"后面的"啦"主要强调一种新情况的出现。后面5.2.2、5.3.2的"V得着可能""V得了可能"后面的"啦"也是如此。

"V到可能"的否定形式为"V不到可能"。如：

（47） 家里就他一个人，他要是不做，啥东西都吃不到嘴。

（48） 我找不到他。

"V到可能"的反复问形式为"可V到可能"。若"V到可能"添加助词"得"形成"V得到可能"形式时，则其反复问既可为"V可到可能"，又可为"可V得到可能"。"可V到可能"后面一般要加语气词"啦""唠"，但不能是语气词"蛮"，"V可到可能""可V得到可能"后面一般不加语气词，但若加语气词也只能是"啦""唠"，而不能是"蛮"。如：

（49） 你可走到啦？

（50） 你可扔到唠？

（51） 你坐可到？

（52） 你可送得到？

（53） 你可跑得到啦？

值得注意的是："V得到可能""V不到可能""可V到可能""V可到

可能""可 V 得到可能"中的"到"读［tau⁻］都读去声;"V 到"不接宾语或补语时,"到"也读去声［tau⁻］,但接宾语或补语时,却读轻声［·tau］。

5.1.4 "V 到"作补语的情况

"到"不仅自己作补语,它还可以和 V 一起作补语,形成"V₁ + V₂ + 到"的格式。其中"V₁"是述语,"V₂ + 到"是补语,"到"只是补语里面的一个成分,而不是整个述补词组的直接成分,且句子末尾一般要用"啦"煞尾。如:

(54) 我把他推坐到地上啦。

(55) 她昨个疼哭到十二点。

"坐到""哭到"分别作"推""疼"的补语,而"到"只跟前一个动词发生关系,不是整个述补结构的直接成分。

"V 到"充当补语,主要表示述语所产生的结果,与述语有因果关系。但这不等于是说"到"作的也是结果补语。为了说明问题,试对"推坐到"进行层次分析:

```
推    坐    到
└─────┴─────┘
      因    果
      └─────┘
      趋    向
```

5.1.5 "到"的歧义问题

由于"到"既可作动相、趋向补语,又能作可能补语,因此很多句子是有歧义的。① 如:

(56) 他爬到山上啦 1. 他爬到山上了;2. 他能够爬到山上了。

(57) 他挖到啦 1. 他挖到了;2. 他能够挖到了。

上述例句的"爬到"既可能是"V 到趋向",也可能是"V 到可能","挖到"既可能是"V 到动相",也可能是"V 到可能"。若想在静态环境下辨别它们,其辨别方法主要是通过它们的否定形式和反复

---

① "到"是否为动相补语或趋向补语,完全受制于后面成分的句法性质,因此二者并不存在歧义。这一点同"倒"。

问形式。

"V到_趋向、动相"的否定式为"没V到""不V到""别V到"①，反复问为"可V到"。如：

(58) 他没跑到。

(59) 你别坐到上海。

(60) 他不挂到墙高头_他不挂到墙上。

(61) 你可闻到蛮_你闻没闻到？

(62) 你可甩到垃圾桶里蛮_你扔没扔到垃圾桶里了？

"V到_可能"的否定式为"V不到_可能"，反复问为"可V到_可能"，若"V到_可能"中间添加助词"得"，则反复问形式为"V可到_可能"和"可V得到_可能"。如：

(63) 他踢不到我。

(64) 他跑不到一万米。

(65) 这车可开到北京啦_这车子能不能开到北京？

(66) 你可跳到板凳上啦？

(67) 他摸可到你家_他能不能找到你家？

(68) 你推可到街上？

(69) 你可抬得到？

"V到_趋向、动相"和"V到_可能"的反复问虽都有"可V到"这一形式，但完全能够区分开。因为"可V到_趋向、动相"的后面如果加语气词，只能为"蛮"，不能为"啦""唠"，而"可V到_可能"后面一般要加语气词"啦""唠"，但不能是"蛮"。因此后面凡有"蛮"的，肯定是"可V到_趋向、动相"，凡有"啦""唠"的，肯定是"可V到_可能"。如：

(70) 可走到蛮？

(71) 可走到啦？

例（70）有语气词"蛮"，因此"到"为趋向补语，例（71）有语气词"啦"，"到"则为可能补语。

---

① "V到_动相"因语义限制，其否定式没有"不V到"形式。

5.1.6 "V 到"与"V 倒"的区别

"V 倒"中的"倒"与"V 到"中的"到"都可做动相、趋向和可能补语，且"V 到"接宾语或补语时，读音与"倒"一样均读 [·tau]，因此很容易相混。不过二者的区别也比较明显，下面试对其进行讨论。先讨论"V 倒动相"与"V 到动相"的区别。

1）"V 倒动相"与"V 到动相"的语法意义不同。"V 倒动相"表动作行为完成后的持续，"V 到动相"表动作行为的达及。因此若"倒"换为"到"，二者在语义上明显不同：

（72）我摸倒啦。≠我摸到啦。

前例强调"我已经摸了并处于摸的状态"，后例则强调"我摸到某种东西或地方"，不强调动作行为的持续。

这种差异在"没"形成的否定句中更为明显。如：

（73）我没摸倒。≠我没摸到。

"我没摸倒"是说"我没摸"，即动作行为没有发生。"我没摸到"不是说"没摸"，而是"摸了"，只是没有摸到某物（某处），即动作已经发生了，但没有达到预期的目的。因此"没 V 倒"是指动作行为没有发生，而"没 V 到"是说动作行为已经发生，但没有达到预期目的。

2）"V 倒动相"后面一般不接宾语，少数情况下虽接宾语，但多为数量（名）词组，非数量（名）词组很少作宾语。因此 V·tau 后面的宾语只要为非数量（名）词组，则·tau 大都为"到动相"。

3）"倒动相"对动词的限制很严，一般只与姿势动词和位置动词搭配。因此只要不是姿势动词和位置动词，其后面的·tau 就只能是"到动相"。如：

（74）他看·tau 我啦。

（75）他挖·tau 一条黄鳝。

"看""挖"均不是姿势动词和位置动词，它们不能跟"倒动相"结合，因此后面的·tau 只能是"到动相"。

如果 V 是姿势动词和位置动词，二者仍有许多不同。主要表现在如下几方面。

① "V 倒动相"是一个比较自由的形式，用于祈使句时，可以单独

成句。"V 到_动相"是一个黏着形式，即使在祈使句中也不能单独成句。如：

V 倒： 弯倒！　　看倒！　　听倒！　　拿倒！
V 到： *弯到！　*看到！　*听到！　*拿到！

② "V 倒"可以作连动短语的连动前项，但"V 到"不行。如：

弯倒写　　拿倒看　　想倒说　　戴倒走
*弯到写　*拿到看　*想到说　*戴到走

再讨论"V 倒_趋向"与"V 到_趋向"的区别。

1）"V 倒_趋向"后面一般接方位和处所性词语，不接时间性词语，因此 V ·tau 后面的补语只要为时间性词语，则·tau 就为"到_趋向"。如：

（76）等·tau 十二点。

（77）做·tau 九点半。

例（76）、例（77）的 V ·tau 后面都是时间性词语，因此·tau 只能是"到_趋向"。

2）"倒_趋向"对动词的限制很严，一般只与姿势动词和位置动词搭配。因此只要不是姿势动词和位置动词，其后面的·tau 就只能是"到_动相"。如：

（78）跑·tau 大街上。

（79）写·tau 黑板上。

"跑""写"均不是姿势动词和位置动词，它们不能跟"倒_动相"结合，因此后面的·tau 只能是"到_动相"。

最后再看看"V 倒_可能"与"V 到_可能"的区别。

"V 倒_可能"和"V 到_可能"均对动词限定不严，且都表动作行为的"能够/可以"，因此很多时候不好区分。如：

（80）踩·tau 它。

（81）写·tau 半夜啦。

（82）停·tau 路上啦。

（83）绑·tau 街上啦。

（84）长倒·tau 三米啦。

上述例句中的·tau 到底"倒"还是"到"，若仅从形式上很难区分，但可以依据它们的否定形式及反复问形式中的读音加以辨别。"V倒可能"的"倒"与"V到可能"的"到"虽读轻声［·tau］，但它们在否定形式和反复问形式中的读音并不相同。其中"V倒可能"的否定形式"V不倒可能"的"倒"读上声［ᶜtau］，反复问形式"可V倒可能"的"倒"读轻声［·tau］。"V到可能"的否定形式"V不到可能"和反复问形式"可V到可能"的"到"都读去声［tauᒎ］。因此完全可以依据它们的否定形式、反复问形式中·tau的声调进行判断，凡读上声、轻声的为"倒"，读去声的为"到"。下面试以例（82）"停·tau路上啦"和例（83）"绑·tau街上啦"为例进行说明。

"停·tau路上啦"的否定形式既可以说成"停不ᶜtau路上"，也可以说成"停不tauᒎ路上"，反复问既可以说成"可停·tau路上啦"，也可以说成"可停tauᒎ路上啦"，因此可以断定"停·tau路上啦"的"·tau"既可以是"倒"，也可以是"到"。"绑·tau街上啦"的否定形式只能说成"绑不tauᒎ街上"，不能说成"＊绑不ᶜtau街上"，其反复问形式只能说成"可绑tauᒎ街上啦"，不能说"可绑·tau街上啦"，因此可以断定"绑·tau街上啦"的"·tau"是"到"不是"倒"。

此外，"V倒可能""V到可能"中间都可以添加助词"得"，形成"V得倒可能""V得到可能"格式。其中"V得倒可能"的"倒"读上声［ᶜtau］，"V得到可能"的"到"读去声［tauᒎ］，它们的声调并不相同。因此通过添加助词"得"也是判断"V倒可能"与"V到可能"的一个方法。

5.2　V着

"着"读［ᴄtsuo］，跟在动词（少数由形容词转化而来）后，形成"V着"格式，"着"为V的补语。根据语义情况，"着"可分为动相补语和可能补语两类。

5.2.1　动相补语"着"

"V着动相"可以带宾语，也可以不带。但不管怎样，后面一般都要加"啦、唠、蛮"等语气词。如：

(1) 他听着我进来啦。

(2) 这猫刚才逮着老鼠唠?

(3) 我瞧着这本书啦。

(4) 今个今天做活累着腰啦。

(5) 他冻着啦。

(6) 你饿着蛮?

(7) 你将才刚才伤着唠?

"V着动相"带宾语时,可根据动词的特点可分为3个小类。

1) V为一般行为动词,宾语多为名词、代词,表示动作行为达到目标、目的。如:

(8) 我踩着石头啦。

(9) 你买着门蛮?

(10) 他没找着你唠?

(11) 我昨个逢［p'eŋ˧］着他啦我昨天遇见他了。

2) V为感知动词,宾语多为短语或小句,表示感知到某一情况。如:

(12) 我瞧着他上你家去啦。

(13) 我听着你打他啦。

(14) 你想着他不来唠你是不是想到他不来了?

(15) 我猜着学校要放假。

3) V为身体感受的动词(有些是由形容词转化而来),表示感受达及某一部位。如:

(16) 凉着肚子啦。

(17) 累着腰蛮?

(18) 冻着脚啦。

(19) 这事凉着他心啦。

"V着动相"还可用于祈使句,此时可单独成句,表命令、要求动作行为要达到一种结果。如:

(20) 逮着!

(21) 摸着!

(22) 绑着!

"V着动相"否定形式为"没V着动相""别V着动相"。"没V着动相"多用于陈述句和疑问句,"别V着动相"多用于祈使句。如:

(23) 他没听着。

(24) 你没弄着?

(25) 别累着啦。

反复问形式为"可V着动相",此时句子末尾一定要有语气词"蛮",但不能是"啦""唠"。如:

(26) 可看着蛮?

(27) 你可买着蛮?

5.2.2 可能补语"着"

"V着可能"可以带宾语,也可以不带,句子末尾一般都要有"啦、唠"等语气词。如:

(28) 他跑得快,逮着我啦。

(29) 他现在长高了,够着树上的枣子啦。

(30) 现在没得雾啦,我看着对面的房子啦。

(31) 现在雪还厚得很,打着毛兔子啦。

(32) 他找着唠。

(33) 他挖着啦。

"V着可能"中间还可以添加助词"得",形成"V得着"形式。"V得着"比"V着"显得自由灵活一些,句子后面不用出现"啦、唠"等语气词。如:

(34) 他逮得着毛兔子。

(35) 拔得着花生。

(36) 他摸得着。

(37) 他吃得着。

上述句子也可加"啦",但加"啦"后语义不同,其情况同5.1.2的"到"一样。

"V着可能"的否定形式为"V不着可能"。如:

(38) 我抢不着。

(39) 他擦不着黑板上的字。

(40) 你考试抄不着她的。

"V着可能"的反复问形式为"可V着可能"。若"V着可能"中间加助词"得"形成"V得着可能"形式，则其反复问形式既可为"V可着可能"，也可为"可V得着可能"。"可V着可能"后面一般要有语气词"啦""唠"，但不能是语气词"蛮"，"V可着可能""可V得着可能"后面一般不加语气词，但若加语气词也只能是"啦""唠"，而不能是"蛮"。如：

(41) 你可拽着他啦？

(42) 你可够着他唠？

(43) 你坐可着座位？

(44) 你可捡得着啦？

5.2.3 "着"的歧义问题

由于"着"既可作结果补语，又可作可能补语，因此很多句子是有歧义的。如：

(45) 他够着树上的枣子啦 1. 他够到树上的枣子了；2. 他可以够到树上的枣子了。

(46) 他挖着藕啦 1. 他挖到藕了；2. 他能够挖到藕了。

"V着动相"跟"V着可能"辨别的方法和"V到动相、趋向"跟"V到可能"基本差不多。比如，否定形式为"没V着""别V着"的是"V着动相"，否定形式为"V不着"的是"V着可能"。"V着动相"跟"V着可能"的反复问形式虽然均为"可V着"，但"可V着动相"后面必须接语气词"蛮"，"可V着可能"一般要接"啦""唠"，只少数情况可以不接语气词。因此有语气词"蛮"的为"V着动相"，没有语气词或语气词为"啦""唠"的则是"V着可能"。如：

(47) 我没看着他。

(48) 他可找着你蛮？

(49) 他够得着碗。

(50) 你可喝着酒啦？

(51) 他可来到唠？

(52) 你这次可去着上海？

上述六例中，只有前两例为"V 着动相"，其他四例均为"V 着可能"。

5.3 V 了

"了"读〔ᶜliau〕，放在动词后作补语。根据"了"作补语的语义情况，可分为动相补语和可能补语两类。

5.3.1 动相补语"了"

"V 了动相"表动作行为的实现。这种实现既可表将来实现，也可表已经实现。

5.3.1.1 表将来实现

可从两个方面进行描述。

1) 句首或有动词"等"，句中或有副词"就"，句尾或有先行义助词再〔·tsai〕。这三者必具其一，否则句子难以成立，且此时的"了"多位于句中，若放在句尾，其后至少要跟上先行义助词再〔·tsai〕。如：

(1) 等我吃了饭。

(2) 我洗了菜就去。

(3) 他打了球再〔·tsai〕。

(4) 等澡洗了再〔·tsai〕。

"等"与再〔·tsai〕可以共现于一个句子里，但"等"与"就"、"就"与再〔·tsai〕不能共现于一个句子中。如可以说：

(5) 等我写了信再〔·tsai〕！

(6) 等他回来了再〔·tsai〕！

但不能说：

(7) ＊等我洗了澡就去。

(8) ＊我做了作业就去再〔·tsai〕。

(9) ＊等他看了电视就去再〔·tsai〕。

动词带有受事时，受事可以提前，也可以不提前，语义不变（下面也同此）。如：

(10) 等看了书再〔·tsai〕。

（11）澡洗了就去。

（12）作业做了再［·tsai］。

2）当句中没有"等、就、再［·tsai］"等词时，"了"不独立成句。它或者后面带上另一个动词，构成连动式，表动作的先后发生；或者后面有后续小句，表前一情况是后一情况的假设条件。如：

（13）你吃了去。

（14）我洗了衣裳去。

（15）俺们写了作业走吧？

（16）你看了电视走呢？

（17）你吃了饭，我才让你上学。

（18）你做了作业，我才让你玩。

动词后有受事时，受事也可以提前。当受事提前后，若"了"后没有其他词语（指非连动句）时，后面一般要有"呢、啦、唠"等语气词。如：

（19）我衣裳洗了走。

（20）你电视看了走呢？

（21）你作业做了啦，我才让你去。

（22）你饭吃了唠，他才让你看电视。

5.3.1.2　表已经实现

也可从两个方面描述。

1）"了"放在句尾。此时句中要有"刚、刚刚、才、将、将才"等副词（其他副词不行）。如：

（23）我刚刚装了。

（24）他刚吃了。

（25）他才玩了。

（26）学生将来了。

（27）她将才刚才去了。

动词受事可以提前，也可以不提前。不提前时，则"了"置于"动·宾"之间，此时"了"位于句中。如：

（28）她菜刚刚洗了。

（29）这车刚装了。

(30) 我饭才吃了。
(31) 这衣裳将穿了。
(32) 他话将才说了。
(33) 他刚去了学校。
(34) 小赵才洗了头。
(35) 我将阅了作业。
(36) 他才洗了衣裳。

当句中没有这些副词时,若"了"仍要位于句尾,则其后至少还必须有"啦、唠、蛮"等这些语气词。如:

(37) 我吃了啦。
(38) 他去了蛮?
(39) 你玩了唠?
(40) 他们走了唠吧?

2)"了"位于句中。此时"V了"不独立成句,其后至少还要带上一个动词构成连动式,表动作的先后发生,且句子末尾还要有"啦、唠、蛮、喽"等语气词。如:

(41) 他昨个看了电影回啦。
(42) 他做了作业走啦。
(43) 他洗了澡回唠?
(44) 小张扫了地走蛮?
(45) 小王交了作业回喽。

这些语气词不能省略,因为一旦省略,"V了"便成了表将来实现。

"了"还可以重叠,但重叠后其后必须要有语气词"啦、唠、蛮"或助词再[·tsai]等,构成"V了了啦(唠/蛮/再[·tsai])"格式,一起放在句尾,如:

(46) 我做了了啦。
(47) 你吃了了唠?
(48) 他去了了蛮?
(49) 我看了了再[·tsai]。

"V了动相"的否定形式为"没V了动相"。若"V了动相"有受事时,受事必须提前。如:

（50）他活没做了。

（51）我书没背了。

（52）他地没锄了。

（53）他字没写了。

但不能说：

（54）＊他没做了活。

（55）＊我没背了书。

（56）＊他没锄了地。

（57）＊他没写了字。

"V了_{动相}"的反复问形式为"可V了_{动相}"，此时句子末尾要有语气词"蛮"，但不能是"啦""唠"。如：

（58）这活你可斗做了蛮这活你做没做完？

（59）你们可玩了蛮你们玩没玩了？

5.3.2 可能补语"了"

跟"V了_{动相}"相比，"V了_{可能}"的限制较多。比如"V了_{可能}"不能出现于连动句中，后面不能有后续小句，句首不能有动词"等"，句中不能有副词"就"，句尾不能有先行义助词再［·tsai］，"了"不能重叠。因此"V了_{可能}"最常见的句式为"V了＋啦"，即"了"作可能补语时，其后必须加语气词"啦"（或者"唠"）。如：

（60）他吃了啦他能吃完。

（61）老李去了啦老李能去。

（62）我洗了啦我能洗。

"V了_{可能}"也可出现施事和受事。但无论是施事还是受事，都必须置于"V了_{可能}"之前。如：

（63）我教了啦我能教。

（64）东西装了啦东西能装完。

（65）作业写了啦能写完作业。

"V了_{可能}"中间还可以添加助词"得"，形成"V得了_{可能}"形式。"V得了_{可能}"比"V了_{可能}"显得自由灵活一些，句子后面不用出现"啦、唠"等语气词。如：

（66）他骑得了。

（67）我一个人盖得了。

（68）这小车我开得了。

（69）这盆肉我吃得了。

上述句子也可加"啦"，但加"啦"后语义不同，具体情况同5.1.3的"到"。

"V了可能"的否定形式为"V不了可能"，后面可以有"啦""唠"等语气词，但不能为"蛮"。如：

（70）他走不了。

（71）拔不了啦。

（72）你写不了唠？

"V了可能"的反复问形式为"可V了可能"。若"V了可能"中间加助词"得"，形成"V得了可能"形式，则其反复问形式既可为"V可了可能"，也可为"可V得了可能"。"可V了可能"后面一般要有语气词"啦""唠"，但不能是语气词"蛮"，"V可了可能""可V得了可能"后面一般不加语气词，但若加语气词也只能是"啦""唠"，而不能是"蛮"。如：

（73）你可去了啦你能不能去到？

（74）你们可玩了唠你们有没有能力玩？

（75）你斗吃、做可了你能不能吃完？

（76）这屋可盖得了这房子能不能盖？

（77）这水可装得了啦这水能不能装下了？

5.3.3 "了"的歧义问题

"了"既能作动相补语，又能作可能补语，因此"V了"是有歧义的。不过相比"V到""V着"，"V了"的歧义相对容易判断。因为"V了可能"最常见的句式为"（名/代+）V了啦/唠"，因此只要不是这种句式的，"了"基本都为动相补语。如：

（78）你等他洗了澡。

（79）他吃了饭啦。

（80）我看了就去。

（81）我听了□［·tsai］。

（82）我拖了地过去。

（83）他写了了啦。

上述例句中的句首或有动词"等"，"V了"后或有宾语，句中或有副词"就"，句尾或有先行标记词再［·tsai］，或是连动句式，或"了"进行重叠，均不是"（名/代＋）V了啦/唠"结构，因此里面"V了"都不是"V了可能"，而是"V了动相"。

只有"（名/代＋）V了啦/唠"格式的句子，"V了"才有歧义。如：

（84）他做了啦 1. 他做了；2. 他能做。

（85）他喝了唠 1. 他喝了；2. 他能喝完。

关于"（名/代＋）V了啦/唠"格式中的"V了动相"跟"V了可能"。其辨别方法和"V着动相"跟"V着可能"基本一样。首先，否定形式为"没V了"的是"V了动相"，否定形式为"V不了"的是"V了可能"。其次，"V了动相"跟"V了可能"的反复问形式虽都为"可V了"，但"可V了动相"后面必须接语气词"蛮"，"可V了可能"必须接语气词"啦""唠"，因此后面的语气词为"蛮"的是"V了动相"，为"啦""唠"的则是"V了可能"。

5.4　V得

"得"读［ ₌tiɛ］，用在动词后，形成"V得"格式，表动作行为的"能够、可以、应该、值得"等意。

"V得"可以接宾语，不过这些宾语只能为体词性的。若从意义来看，这些宾语可分为受事宾语、主体宾语、工具宾语、处所宾语等。如：

（1）俺们买得票啦。

（2）都三点啦，去得人啦。

（3）天冷啦，盖得毯子啦。

（4）起得床啦。

"V得"的受事既可以提前，也可以置后。提前时，"V得"便含有多种语义。细分起来，有以下 5 种①。

1）表"可以、能够"实行某种动作行为。如：

（5）这秧栽得啦。

（6）这些柿子吃得啦。

2）表"有资格、有权利"实行某种动作行为。如：

（7）我是校长，这条子我批得。

（8）他的钱我花得。

3）表实行某种动作行为"正好合适"。如：

（9）这帽子你戴得。

（10）这裙子不大，你穿得。

4）表实行某种动作行为很"值得、划算"。如：

（11）这台电视机买得。

（12）这种活工资高，做得。

5）表情理上"应该"做某事。如：

（13）你是我老同学，这忙我帮得。

（14）俺们是亲戚，你的活我做得。

并非说只要是受事提前的句子，便同时具有这五种语义。有时因词义的限制，它一般只具有其中的几项。如"这活做得"只具有 1）、4）、5）义：

这活做得 $\begin{cases} 1）（你都快十八岁了，）这活做得。\\ 4）（一天能挣几十块，）这活做得。\\ 5）（他帮过你的忙，）这活做得。\end{cases}$

同理，"这小孩摸得"具有 1）、2）、3）义；"这衣裳他穿得"具有 1）、2）、3）、4）义。一般来说，只要受事提前，都具有 1）义。

受事置后时，"V 得"主要表"到了该 VO（受事宾语）的时间了"这一语义，特别当以"啦"煞尾时，这一语义更为明显。尽管它也具有受事提前的那些语义，但这些语义却大大淡化。如"栽得秧啦"主要是说"到了该栽秧的时间了"，虽然它也具有 1）、4）、5）义，但这些语义大都在特定语境下（如说话者特意强调等）才具有，一般情况

---

① 这里采用的是陈淑梅（1995）《谈鄂东方言的 V 得得》中的分法。

下不具有。

能够进入"V得"格式的动词只能为单音节动词,双音节动词难以进入该格式。不过"V得"对这些单音节动词限制不严,只要这些单音节动词加"得"后能具有以上1)—5)义中的一项便可以进入"V得"格式。因此即使像"死、病"等动词在某些特定语境下也可以说。如:

(15) 这人九十多啦,死得啦。

(16) 你上有老,下有小,跟他们不一样,他们病得,你病不得呀!

"V得"中间也可加上助词"得〔·ti〕",形成"V得得"格式,语义基本不变,只是语气略显得舒缓些。

"V得"的否定形式为"V不得",反复问形式为"V可得"和"可V得"。如:

(17) 栽不得秧。

(18) 这活做不得。

(19) 盖可得屋?

(20) 可看得戏啦?

"V得"无论表动作行为的"可以、能够",还是"有资格、有权利"以及"值得、划算""正好合适""应该"等,其核心语义都是表动作行为的"能够、可以",即"得"为可能补语。这从"V得"能添加助词"得"以及其否定形式、反复问形式都能观察得很清楚。不过"得"并不能作趋向或动相补语,这一点跟"V到""V着""V了"明显不同。

第6章　动词的生动格式

固始方言广泛存在着描摹动作行为状态的生动格式。该格式均为动词或动词短语的重叠。虽然为动词或动词短语的重叠，但该格式的动作性都很弱，而状态性却很强，在句中多作谓语和状语，不能接宾语，整体上相当于一个状态形容词。且该生动格式无论出现在何种位置上，其后一般都以助词"的"煞尾，而"的"的主要功能是为了增加其描摹性。

固始方言的这种生动格式很多，常见的有"VV 的""连 V 是 V 的""这 V 那 V 的""这 V_1V_1，那 V_2V_2 的"等。

6.1　VV 的

6.1.1　"VV 的"四种句法格式

"VV 的"可以跟其他动词或副词等构成多种句法格式，大致可分为四种。

1）$N_1 + V_1V_1$ 的 $N_2 + V_2$

该格式的 N_1 为 V_1 的施事，N_2 为 V_2 的施事或受事，但以施事居多，"N_1、N_2、的"也可以省略，表 V_1 在反复持续的状态中又出现了另一动作行为。这里又可分为 A、B 两个类型。A 型：表 V_1 正在反复持续的状态中出现了 V_2。如：

（1）她说说的我睡着啦。

（2）我打打的球破啦。

这个完整的格式可以有以下的简省和移位。

①N₁省略①，形成"V₁V₁（的）+N₂+V₂"格式。如：

(3) 找找的灯灭啦。

(4) 挑挑粪完啦正挑着挑着粪被挑完了。

例(3)中"找"（V₁）的发出者（N₁）省略。例(4)同此。下文为节省篇幅，一般只对第一个例子进行解释，余可类推。

②N₁省略，N₂前移置于"V₁V₁"之前，形成"N₂+V₁V₁（的）+V₂"形式。如：

(5) 球打打的破啦正打着打着球被打破了。

(6) 天烤烤黑啦正烤着烤着天黑了。

例(5)中"打"（V₁）的发出者（N₁）省略，而"球"（N₂）前移。

③N₂省略，形成"N₁+V₁V₁（的）+V₂"形式，此时N₁与N₂为同一个事物。如：

(7) 雨下下的停啦。

(8) 这个小孩说说哭啦。

例(7)中的N₁、N₂均为"雨"，故N₂承前省略。

④N₁、N₂均省略，形成"V₁V₁（的）V₂"的格式，N₁与N₂为同一个事物。如：

(9) 正站站的走啦。

(10) 正在喊喊栽倒啦正喊着喊着栽一跤。

B型：表V₁正在反复持续的状态中出现了与预期动作相反的V₂，V₁与V₂不是同一个发出者。如：

(11) 猫逮逮的老鼠跑啦。

(12) 他喊喊的砖头拉走啦他叫喊着不准拉砖头结果却被拉走了。

B型在形式上与A型一样，但却具有3个特征：a. V₂的出现与预期的动作行为相反；b. V₁的发出者N₁只能为人或动物，植物或无生命的事物不能充当N₁；c. N₁与N₂不是同一个事物。如例(11)中，"逮"的预期动作行为是"捉住"，但却发生了与"捉住"相反的"跑"，具

---

① 其实这并不能叫省略，但为称说方便，本书把那些凡与其"完整形式"相比而有所"简省"的形式都称之为省略。

备特征 a;"逮"的施事是"猫",不是植物或无生命的东西,具备特征 b;"猫"(N_1)和"老鼠"(N_2)不是同一个事物,具备特征 c。其中 a 是最本质的特征,正是它才把 B 型与 A 型彻底分开。

B 型也可简省和移位,形成 4 个小类。

①N_1省略,形成"V_1V_1(的)+N_2+V_2"形式,如:

(13) 拉拉的他走啦_{拉住他不想让他走,但他却走了。}

(14) 扶扶茶杯掉啦_{正在扶茶杯,茶杯却掉了。}

②N_1省略,N_2前移,置于"V_1V_1(的)"前面,形成"N_2+V_1V_1 的+V_2"形式,如:

甲(15) 他喊喊的走啦_{喊他不让他走,但他却走了。}

(16) 老鼠逮逮跑啦_{正在逮老鼠的时候,老鼠却跑了。}

乙(17) 树喊喊的砍啦_{喊着别砍树,但树却被砍了。}

(18) 锅补补烂啦_{锅正补的时候却烂了。}

上述 4 例中的"他、老鼠、树、锅"句法上都为主语,其中甲类的"他、老鼠"在语义上是 V_2 的施事,乙类的"树、锅"是 V_2 的受事。由于甲类的主语为人或动物,因而在形式上也可以是 V_1 的发出者,所以有歧义。乙类的主语为植物或无生命的东西,不可能是 V_1 的发出者,故没有歧义。

③N_2省略,形成"N_1+V_1V_1(的)+V_2"形式。如:

(19) 我拽拽的跑啦_{我拽住(他)不让(他)跑了,但却跑了。}

(20) 我劝劝哭啦_{我正在劝(她)别哭,结果却哭了。}

④N_1、N_2均省略,形成"V_1V_1的+V_2"格式。如:

(21) 撵撵的跑啦_{想撵上(他)不让(他)跑了,但却跑了。}

(22) 拉拉跑啦。

由于 B 型能如此简省和移位,故很多句子有歧义。像例(15)"他喊喊的走啦"还有另外 2 个语义。可理解为 B 型③:他喊喊的(别人)走啦;又可理解为 A 型③,即"喊"与"走"的发出者为同一个人:他喊喊的(他自己)走啦。上述 B 型②甲、B 型③的例子均有这几个语义。B 型④也有歧义,它还可理解为 A 型④,即 V_1 与 V_2 的发出者相同。但这些歧义只是在静态分析下产生的,在实际交际中是不会发生的。

A 型虽也能够如此简省和移位，但不会引起歧义，因为它不同时具备 B 型的 3 个特征，特别是特征 a。如：

（23）他找找的哭啦。

（24）树刮刮的倒啦。

例（23）的"哭"（V_2）不与"找"（V_1）的预期动作行为相反，且 V_1、V_2 为同一个发出者，不具备 B 型的特征 a、c；例（24）的"倒"（V_2）不与"刮"（V_1）的预期动作行为相反，且"刮"的发出者（风）为无生命的事物，不具备 B 型的特征 a、b。

2）V_1V_1 的 V_2

此类格式的"VV 的"后面要接上另外一个动词，构成"V_1V_1 的 V_2"形式，表"V_1V_1 的"是 V_2 的伴随方式，"的"不能省略。如：

（25）这个人笑笑的说这个人笑着说。

（26）他摸摸的来啦他摸着来了。

（27）哭哭的说哭着说。

（28）他刚才笑笑的走。

此类重叠有两个特征。

①V_1 和 V_2 在语义上具有"一边 V_1，一边 V_2"，因此当 V_1、V_2 不能同时发生，或发生比较困难，"V_1V_1 的 V_2"就表第 1）类语法意义。如：

（29）他今个笑笑的走啦。

（30）这小孩子哭哭的笑啦。

例（29）能表伴随方式，而例（30）中的"笑"因与"哭"不能同时发生，故不能表伴随意义，而只能表示第 1）种句法格式的 A 型语法意义。

②V_2 和 V_1 的发出者必须一致，否则只表示第 1）种句法格式的语法意义。如：

（31）他说说的走啦。

（32）他讲讲的我跑啦。

（33）我喊喊的你走啦。

例（31）可以表伴随方式，而例（32）只表第 1）种句法格式 A 型语法意义，例（33）只表第 1）种句法格式 B 型语法意义。

因此能够充当 V₂ 的动词极少，常见的只有"走、跑、来"等；能充当 V₁ 的动词也不多，常见的只有"跑、哭、摸、笑、说"等。

上述那些表伴随方式的句子中，很多是有歧义的，它们也可以表第1）种句法格式 A 型或 B 型语法意义。如：

(34) 他说说的跑啦。

(35) 这个小孩子喊喊的走啦。

例（34）既可表伴随方式，又可表第1）种句法格式 A 型的语法意义，而例（35）既可表伴随方式，又可表第1）种句法格式 A 型的语法意义，还可表第1）种句法格式 B 型的语法意义。

3）就说 VV 的

这种格式的"VV 的"前面要加上"就说"①，表 V 打算进行但还未进行，"的"不能省略。如：

(36) 我就说看看的，谁知停电啦我本打算看一看，没想到停电了。

(37) 这墙头就说砌砌的，天阴啦本打算把墙头砌一下，结果天阴了。

(38) 我刚才就说骑车去去的。

(39) 俺们就说要要的，他送来啦。

4）还 VV 的

此类格式的"VV 的"前面多加副词"还"，表说话人对"VV 的"持否定态度，"的"不能省略。如：

(40) 马上就要挨打啦，你还笑笑的来②。

(41) 你们买东西还抢抢的。

(42) 鱼还死死的。

(43) 都不理他啦，他还说说的。

若副词"还"去掉，则只表对"VV 的"一种客观陈述。如：

(44) 这个人天天在门口坐坐的。

(45) 这个屋漏漏的。

(46) 这树摆摆的。

(47) 我心口子疼疼的。

---

① 也可为"就想、老说"，但没有"就说"普遍。
② 为语气词，下文"耶、歪、来"均是。

有时也可以在"VV 的"前加"就",后面加"还",构成"……就 VV 的,……还……"形式。如:

(48) 这孩子就哭哭的,你还打他。

(49) 这菜就死死的,他还不浇它。

此形式所表示的陈述语气比较强,通过对"VV 的"的强调,意在表明下一分句的动作行为不应该。如例(48)是说孩子已经哭了,因此就不应该"打"。

6.1.2 "VV 的"中的"V"及其句法功能

固始方言的单音节词很多,双音节词较少。但无论是单音节,还是双音节,"VV 的"都对 V 没什么限制。这在单音节词中表现得特别明显,即使能愿动词、判断动词以及不能持续的动词也能在特定的语境下进入"VV 的"格式。如:

(50) 你不能能的吗你平时不是很能吗?

(51) 他是是的就不是的啦他没是两天又不是的了。

(52) 一开始人家还同意他姓董,但姓姓的人家就不同意啦。

(53) 他还恨恨的。

(54) 这鱼死死的又活啦这鱼快要死的时候又活了。

如例(50)中,如果某人总喜欢在别人面前说他什么事情都能做,但当人们发现事实上并非如此时,常会用这句话反诘他。

"VV 的"在句中只能作谓语成分,后面不接补语和宾语。如:

(55) 我走走的下雨啦。

(56) 他吃吃的就哭啦。

(57) 这砖头还要砸砸的。

(58) 他笑笑的。

6.1.3 "VV 的"与普通话"VV"的比较

"VV 的"的"的"在很多情况下也可省略,这时便与普通话动词重叠"VV"的形式完全一样了,因此非常有必要比较一下二者的异同。

6.1.3.1 语法意义方面

关于普通话"VV"的语法意义,学界一般的观点为动作行为的短暂。关于固始方言的"VV 的",叶祖贵曾认为表动作的反复义(叶祖贵 2009：74)。"VV 的"在很多时候确实跟动作行为的反复有一定关系,但也有许多"VV 的"跟动作行为的反复无关。如例(50)的"能"是能愿动词,没有什么动作性,例(54)的"死"是一次性动作,不能重复。因此"能能的""死死的"都跟动作的反复无关。

叶祖贵后来也注意到了这一问题,于是又依据及物性高低及前景、背景理论,将汉语方言的动词重叠"VV"分为叙述性动词重叠和描写性动词重叠两类。认为叙述性动词重叠主要侧重客观叙述,动作的行为非常明显,后面可以接宾语,如普通话的"VV";描写性动词重叠主要侧重主观描写,动作的状态较为明显,后面一般不能接宾语,如固始方言的"VV 的"(叶祖贵 2020)。

如此看来,固始方言的"VV 的"属描写性动词重叠,跟普通话的叙述性动词重叠"VV"并不相同。也正是因为固始方言"VV 的"属于描写性动词重叠,因此其语法意义并不侧重动作的行为,而是动作的状态,根本目的是为了凸显说话者的某种主观情感和态度。

6.1.3.2 读音方面

普通话"VV"为单音节重叠时,第二个音节要读轻声;若为双音节重叠时,后两个音节读轻声。固始方言的"VV 的",无论是单音动词,还是双音动词,重叠后均读原调。若它们读轻声,便跟普通话的"VV"完全一样。如：

(59) 他来这看看走啦。

上例中,若"看看"不轻读,则表"VV 的"第 1) 种句法格 A 型的语法意义,即"他来这正在看的时候,便走了"。若轻读则和普通话基本上一样,即"他来这随便看一看,便走了"。

6.1.3.3 语法功能方面

这主要体现在以下八个方面。

1) 普通话的"VV"可以带宾语,如：

(60) 他没事看看书,打打拳。

(61) 你也该理理发了。

固始方言的"VV 的"不能带宾语。

2) 普通话"VV"中能重叠的主要是动作动词,非动作动词如判断动词（是）、存现动词（在）、心理动词（爱）、趋向动词（上）等一般不能重叠。但固始方言"VV的"却可以。如：

（62）我是是的又不是啦。

（63）他爱爱的不爱啦。

3）普通话中，表示持续性动词一般可以重叠，但一定是动作发出者有意识进行的，因此像"杀、扑、摔、吐（呕吐）"等便不能重叠。但固始方言"VV的"没有这个限制。如可以说：

（64）鸡杀杀的跑啦。

（65）盆摔摔的就烂啦。

4）普通话"VV"可以对举使用。如：

（66）她现在年纪大了，只能这洗洗，那补补。

（67）自从他盖了新房子以后，这个来看看，那个来瞧瞧，都羡慕极了。

固始方言"VV的"不能如此对举使用。

5）普通话"VV"前不能加副词"正、正在、在"，即不表示动作行为正在进行持续。如不说：

＊（68）他正练练拳。

＊（69）我正在看看书。

＊（70）他在洗洗菜。

固始方言"VV的"却可以，如例（9）、例（10）。

6）普通话"VV"后面，有些可以加"看、试试"等词语。如：

（71）你穿穿看。

（72）不信你坐坐试试。

固始方言"VV的"不行。

7）普通话"VV"前面可以加"多、常常"等修饰语。如：

（73）这双鞋有点小，你多穿穿就会大的。

（74）你没事常常练练，就可以学会。

固始方言"VV的"不可以。

8）普通话"VV"可以出现在下列否定句中。如：

（75）不去调查调查就不能把事情弄清楚。

（76）你怎么不去看看？

固始方言"VV 的"则不行。如不说：

*（77）我不去说说的就走啦。

*（78）你为啥子为什么不看看的？

6.2 连 V 是 V 的

"连 V 是 V 的"也可说成"连 V 速 V 的"，表动作行为因快速反复施行，进而形成某种状态。"的"也可以省略。

此格式后面一般还要接上另外一个动词性词语。这个动词性词语是"连 V 是 V 的"的预期目的。若将这个动词性词语记为 V_2P，则其完整的格式为"N_1 + 连 V_1 是 V_1（的）+ N_2 + 还（是）/才 + V_2P"，"N_1"是"连 V_1 是 V_1"的施事，"N_2"为"V_2P"的施事或受事，"N_1"和"N_2"可以为同一事物，也可以不是，"还（是）"表没有实现预期目的，"才"表实现了预期目的。在一定的情景下，"N_1、N_2、V_2P"均可省略。如：

（1）连逮是逮的，他才没跑掉。

（2）他连写是写的才把作业做完。

（3）连赶是赶的，才撵上这辆车。

（4）他连慌是慌的，才买着这本书。

（5）他连闪是闪的，还是搞打着了。

（6）他连吃是吃的还迟到啦。

（7）昨个晚上他连睡是睡的。

当"N_1、N_2"不为同一事物，且发生动作行为与预期的目的相反时，它便同 6.1 "VV 的"第 1）种句法格式 B 型的语法意义一样。如：

（8）我连喊是喊的跑啦。

（9）他连劝是劝哭啦。

（10）茶杯连扶是扶的掉啦。

这一点可参见 6.1 "VV 的"的第 1）种句法格式的 B 型。

"连 V 是 V 的"这一格式广泛存在于江淮方言（江淮方言很多地方没用助词"的"）。比如据邵天松（2006）考察，高邮方言中就有。邵先生认为高邮方言中"连 V 是 V"的 V 具有三个语义特征：①V 所表示的动作或行为的施事者一般都是具有生命特征的人或动物，即 V 是表示人（或动物）的某种动作行为，具有 [＋生命] 的语义特征。②V 表示的动作具有一定的动作幅度并且是持续的，可以反复进行的，具有 [＋持续] 的语义特征；另外在空间上要求具有可视性。③V 表示的动作是施事者主观上可以控制的，具有 [＋自主] 的语义特征，即 V 只能是自主动词（马庆株，2002）。因而"连 V 是 V"中的 V 基本为及物动词，只有极少数的不及物动词，如"来"，能进入这一格式，不过"连来是来"在语法功能上也要弱于一般的由及物动词构成"连 V 是 V"格式。邵先生还指出 V 只能是单音节动词，不能是双音节动词，因而不能说"＊连注意是注意｜＊连打招呼是打招呼｜＊连打哈欠是打哈欠"。

固始方言"连 V 是 V 的"的 V 却没有这么多限制。它一般只具备 ①、②这两个语义特征，不具有③这个特征，因而能够进入"连 V 是 V"格式的动词极多。就是那些没有明显动作行为的"是、姓"，非自主动词"死、病"以及许多双音节词甚至动宾短语等也能在一定的语境下进入此格式。如：

(11)？他连是是是的，才是学生。
(12)？他连姓是姓的，才跟他是自家。
(13) 这塘的鱼连死是死的，都快死完啦。
(14)？瞧着大队要找劳力，他吓得连病是病的。
(15) 眼瞧快交卷啦，他急得连等于是等于的。
(16)？瞧着车快碰着他啦，他连注意是注意的。
(17) 瞧着水快凉啦，他连洗头是洗头的。

这种格式即使在近代文学作品中也可以见到。据邵天松观察，目前见于文字记载的"连 V 是 V"格式最早当出自明末凌濛初的《二刻拍案惊奇》中。如：

(18) 那匹马忽然跳跃起来，将双蹄乱踢，乡客倒地。那马见他在地上了，急向左肋用力一踹，肋骨齐断。乡客叫得一声："阿也！"连吼是吼，早已后气不接，呜呼哀哉。（三十三卷）

此外邵先生还从清末小说《续济公传》中发现了五例"连 V 是 V"格式，现也移录于下：

（19）济公连忙迎上去，一手把酒壶抓来，跑到正面席上，朝下一坐，一连到了三四杯，连唱是唱的，望着金丞相说道："喝呀，喝呀！"（八十一回）

（20）那老人家听说，欢喜不过，就把风灯朝公案上一放摸着黑直往内走，笑着说话道："阿弥陀佛！我说我家大人不该死。"听他连说是说的，"阿弥陀佛"连念是念的。赵公胜听着，正然发笑。（一百一十四回）

（21）济公又在腰间掏出一个纽扣大的小葫芦，就在里面倒出一星星末药，由周氏鼻窍吹入，忽然见得周氏上眼皮连动是动的。（一百二十九回）

（22）看官，你道着喷嚏因何早不打迟不打，因何偏偏这时候连打是打的呢？（一百三十四回）

不过人们对这一特殊句式并不是很了解。如王继同（1988）在引用《老残游记》中的"那些村庄上的人，大半都还睡在屋里，呼的一声，水就进去，惊醒过来，连跑是跑，水已过了屋檐"。这段话时说："上海广益书局的铅印本把它改作'连忙就跑'，上海文艺书室的石印本改作'惊醒连跑'，1981年齐鲁书社的严（薇青）注本是以1957年人民文学出版社本为底本，参照1907年上海神州日报馆首版排印本加以校订的，尽管这两个本子都作'连跑是跑'，但是校订者认为这是'明显'的'错误'"。王继同认为"连跑是跑"表示"尽主观能力往前跑，动作比较迅速而且要持续一定时间，有反复性"。邵霭吉（1989）对此表示了异议，他认为"'尽主观努力''往前''一定时间''有反复性'之类并非词义中所有，是作者（指王继同先生）加进去的，在江淮方言中'连 V 是 V'表示'连续不断地 V'……因此'连跑是跑'也就是'连续不断地跑'"。王继同与邵霭吉显然都认为该生动格式注重动作的行为，而非动作的状态。

6.3 其他生动格式

6.3.1 这 V 那 V 的

该格式多表对"这 V 那 V 的"的一种否定性评价，略含周遍性。

在句中多作谓语、补语,"的"可以省略。如:

(1) 天天这吃那吃的,肚子咋能不坏呢!
(2) 你这摸那摸的,能弄个啥子呢!
(3) 你瞧他这会那会的,到斗做正事就不中啦。
(4) 你把电扇这捣那捣的,不坏才怪来语气词。
(5) 他痒得这挠那挠(的)。

6.3.2 这 V_1V_1,那 V_2V_2(的)

该格式中的"V_1V_1""V_2V_2"的第二个音节均要轻读,多对"这V_1V_1,那V_2V_2(的)"进行否定性评价,但否定性评价要比"这V那V的"轻,且含有"动量小/时量短"之义,也略含周遍性。在句中多作谓语、宾语、补语,"的"可以省略。如:

(6) 他天天这戳戳,那捣捣的,也不是个事。
(7) 我这看看,那瞧瞧的,晌午来。
(8) 你就知道这站站,那坐坐,啥也不做。
(9) 他急得这摸摸,那捣捣。
(10) 他见天天天这捡捡,那拾拾的,也弄得不错。

当该格式用于自身时,多表说话人的谦虚。如:

(11) 我天天这跑跑,那荡荡的,怎么能称上你呢。
(12) 俺不就是这戳戳,那摸摸的来。

当"V_1、V_2"为及物动词时,也可说成"V_1V_1这,V_2V_2那(的)",语法意义和功能不变。如:

(13) 他吃吃这,喝喝那的,肚子不疼才怪来。
(14) 他只会捡捡这,拾拾那,啥子也斗不好。
(15) 你瞧他急得戳戳这,捣捣那的。

6.3.3 胡 V 八 V(的)

此重叠式的否定意味比前两个更浓,在句中多作谓语,少数也可作宾语、补语,"的"可以省略。如:

(16) 你今个怎么胡戳八戳的,一点都不老实!
(17) 他修电视胡修八修的,好的也搞被他修坏啦!

（18）你就知道胡摸八摸的。

（19）你看你刚才笨得胡说八说的。

以上3类重叠式均表示对该格式所形成状态的一种贬谴。

6.3.4　一V一V的

此格式多表达V的一种有节奏的重复，在句中多作补语，也可作状语、谓语，"的"不能省略。如：

（20）他搞_被打得一蹦一蹦的。

（21）他一颠一颠的跑来啦。

（22）他一跳一跳的。

6.3.5　直V直V的

此重叠式所表达的重复要比"一V一V的"快，在句中多作补语、谓语，"的"不能省略。如：

（23）他痒得直挠直挠的。

（24）这人疼得直哭直哭的。

（25）他直翻直翻的。

6.3.6　V仔V仔（的）

"仔"与普通话助词"着"相近。该格式后面要跟另一动词，表"V仔V仔"在反复持续中出现了另一动作，"的"可以省略。如：

（26）他笑仔笑仔（的）跑啦。

（27）我想仔想仔（的）睡着啦。

（28）他喊仔喊仔（的）跑啦。

（29）他走仔走仔（的）栽倒啦。

6.3.7　不V不V的V了

该格式表V本打算不发生但最后还是发生了，有转折意味，略含贬义，在句中作谓语，"的"一般不省略。如：

（30）他不吃不吃的吃了。

（31）不去不去的去了。

（32）他不要不要的要了。

以上这4种重叠式都表动作状态的一种反复持续，但第6.3.7的反复性最弱。

6.3.8 V₁仔V₁仔（的）就V₂

该格式表V₁在不断地持续中出现了V₂，且V₁持续的时间不长，含有短暂义。如：

（33）他跑仔跑仔的就跑不动啦。
（34）他劝仔劝仔的就哭啦。
（35）他做仔做仔就睡着啦。

6.3.9 V不/没V

该格式后面一般还要跟上一个动词性词语，构成连动式，描摹动作状态的短暂，当其后加"就"时短暂义更明显。它略含贬义，在句中作谓语，其后不加"的"。如：

（36）他说没说哭啦。
（37）他动不动就打人。
（38）这电扇戳没戳就坏啦。

上面这两类都表动作行为的短暂。

6.3.10 要V要V的

该格式表即将发生的某种状态，在句中既可作补语，又可作谓语，"的"不能省略。如：

（39）他疼得要哭要哭的。
（40）这人累得要发火要发火的。
（41）他要去要去的，但还是没去。

固始方言的这些生动格式，其本质并不表动作的行为。很多生动格式从表面上看是表动作行为的不断反复，如"VV的""连V是V的""一V一V的"等，但实质却是想通过动作行为的不断反复，造成某种状态，然后再对这种状态进行描摹，表达说话者的主观态度。如：

（42）他跑跑的栽一跤。

（43）他连吃是吃的才吃完。

（44）他一跳一跳的。

（45）他直蹦直蹦的。

上述例子的动词重叠虽表动作的不断反复进行，但动作性却很不明显，主要是对动作重复所形成状态的一种描摹。正是由于动作性不强，所以后面一般不接宾语，主要作谓语和状语，整体上相当于一个状态形容词。因此若按照叶祖贵（2020），本章的动词生动格式均可归入其所说的描写性动词重叠。

这里有一个问题。叶祖贵所分出的叙述性动词重叠和描写性动词重叠是基于典型的动词重叠"VV"式，里面并不包括"VV着""一V一V""V着V着"等这些不典型的重叠形式。而固始方言上述的这些生动格式里面，或有数词（如"一V一V"），或有副词（如"直V直V"），或有动态助词（如"V仔V仔"），且每种重叠式后面一般还附有助词"的"，因此直接将这些生动格式看作描写性动词重叠是否妥当？我们认为，固始方言这些生动格式的"的"仅仅是一个生动标记，其目的是为了增加其描摹性（叶祖贵2014），且"的"在很多时候也可以不加。因此，固始方言"VV的"是典型的"VV"是没有问题的，只是由于它是描写性动词重叠，所以后面才会出现生动标记"的"[①]。至于固始方言的其他生动格式，如"连V是V的""一V一V的""直V直V的""V仔V仔的"等，它们确实不是典型的动词重叠，不过从语法特点上观察，这些生动格式却跟描写性动词重叠完全一样（叶祖贵，2014），因此可以把它们看作广义的动词重叠而归入描写性动词重叠。

生动格式"这V_1V_1，那V_2V_2（的）"需要单独说明一下。该格式的"V_1V_1""V_2V_2"的第二个音节均读轻声，因此若把该格式的"这、那"去掉，变成"V_1V_1，V_2V_2"格式，则该格式的"V_1V_1，V_2V_2"跟普通话的"VV"一样均属叙述性动词重叠。如：

（46）我看看，瞧瞧。

---

① 叶祖贵（2020）也是把它当做典型的"VV"式看待的。

(47) 他写写，玩玩。

但由于"这、那"为虚指性的代词，且"V_1V_1""V_2V_2"又是对举使用，于是"这V_1V_1，那V_2V_2"就变成描写性动词重叠。不过相对于"VV 的""连 V 是 V 的""一 V 一 V 的"等生动格式，该格式的动作性较为明显，尤其当"V_1、V_2"为及物动词时，还可以说成"V_1V_1这，V_2V_2那"，如例（13）、（14）、（15），即接宾语。不过尽管接宾语，但该格式的动作性并不特别明显，其主要功能仍在于描摹，因此依然是一种描写性动词重叠。

第 7 章　形容词的生动形态

固始方言形容词的生动形态主要为重叠和附加两种。重叠主要包括单音节重叠和双音节重叠，附加主要指后附加。

7.1　重叠

固始方言形容词的重叠无论出现在句中何种位置，其后一般要加助词"的"。它主要包含"AA""AABB""A 里 AB"三类。

7.1.1　AA 式

这种重叠式极多，凡固始方言中的单音形容词，基本上都可以如此重叠。常见的有：

黑黑｜白白｜绿绿｜红红｜软软｜硬硬｜满满｜远远｜平平｜多多｜少少｜斜斜｜直直｜近近｜好好｜坏坏｜粗粗｜细细｜宽宽｜厚厚｜淡淡｜新新｜旧旧｜咸咸｜胖胖｜瘦瘦

这些重叠形式在句中主要作补语、谓语，一般很难作其他成分，其后要添加助词"的"。如：

(1) 他巴巴_{故意}跑得快快的，好让你撵不上。

(2) 这菜炒得咸咸的。

(3) 这沟挖得有点宽宽的。

(4) 他把米堆得满满的。

(5) 这地下湿湿的。

(6) 这果子红红的。

7.1.2 AABB 式

该重叠式除第一个音节读原调外，其他均读轻声。AABB 式比 AA 式要少得多。此种重叠式常见的有（里面有些一时找不到本字，便用同音字或"□"代表，同时对其语义进行简单诠释）：

利利朗朗形容人办事麻利｜粘粘乎乎形容人不爽快｜俏俏巴巴形容好｜麻麻乎乎多形容视物不清,也指天还未大亮｜日日浓浓形容不干净｜麻麻□□ [·lou·lou] 形容凸凹不平｜埂埂□□ [·lou·lou] 形容凸凹不平｜麻麻喋喋因身体不舒服而引起一种冷的感觉｜□□ [ɕpie·pie] 浓浓因空间狭小而使人觉得不舒服｜□□ [ɕtsʻa·tsʻa] □□ [·la·la] 形容人说话下流｜窝窝浓浓做事不利索；衣着不整洁｜窝窝□□ [·tɕi·tɕi] 同"窝窝浓浓"｜日日浓浓不整洁｜□□ [ɕmau·mau] 唧唧没玩没了地小声自言自语｜□□ [ɕtɕin·tɕin] □□ [·laŋ·laŋ] 小气样。

此种重叠式在句中多作谓语，少数可作补语。但无论作任何成分，其后均要加"的"。如：

(7) 这人粘粘乎乎的，没意思！
(8) 这床埂埂□□ [·lou] 的，睡啥子！
(9) 你穿衣裳咋窝窝浓浓的！
(10) 这天现在还麻麻乎乎的。
(11) 这活做得俏俏巴巴的。
(12) 我眼累得麻麻乎乎的。
(13) 他家里全窝窝浓浓的。

个别的甚至还能作定语，如"窝窝浓浓""日日浓浓"：

(14) 他是窝窝浓浓的一个货。
(15) 他是个日日浓浓一个人。

但较为勉强。

7.1.3 A 里 AB 式

这种重叠式很少，且贬义色彩浓厚。常见的有：

妖里妖气｜怪里怪气｜糊里糊涂｜娇里娇气｜土里土气｜罗里罗嗦｜流里流气｜慌里慌张

它们在句中主要作谓语，少数可作补语。无论作什么成分，其后都要加"的"。如：

（16）她说话娇里娇气的。
（17）他斗事做事慌里慌张的，不稳当！
（18）她穿得妖里妖气的。
（19）你现在怎么变得土里土气的！

个别的甚至还能作定语，如"糊里糊涂、罗里罗嗦"：

（20）你咋成了一个糊里糊涂的人啦！
（21）你啥时候变成罗里罗嗦的人啦！

但比较勉强。

7.2 附加

附加主要包含以下三类：①A+bb（"bb"为叠音后缀）；②A+bc；③A+bcd。无论出现在句中何种位置，其后一般都要加助词"的"。

7.2.1 Abb式

"bb"为叠音后缀，大多没有词汇意义，附在单音形容词后面，对形容词的程度进行加强。这种附加式非常多，常见有：

黑乎乎｜软乎乎｜油乎乎｜肉乎乎｜白乎乎｜软巴巴｜干巴巴｜凶巴巴｜白浓浓｜软浓浓｜青市市｜嫩错错｜硬邦邦｜亮壳壳｜平崭崭｜新崭崭｜齐崭崭｜甜咪咪｜灰普⁼普⁼｜光滑滑｜脏分分｜黑雾雾｜黑麻麻｜苦形形 愁苦的样子｜白卡卡 颜色苍白，没有光泽｜鼓堆堆 非常鼓的样子｜俏巴巴 好｜湿□□ [ɕp'aŋ ɕp'aŋ] 潮湿的样子｜脆□□ [ɕlin ɕlin] 脆而甜｜硬□□ [ɕtɕiou ɕtɕiou] 比较硬｜淡□□ [ᶜp·ie ᶜp·ie] 非常淡｜水□□ [ᶜp'a ᶜp'a] 非常湿｜光□□ [iouᵓiou] 非常光｜瘦□□ [ɕtɕin ɕtɕin] 瘦而有精神｜厚□□ [ɕten ɕten] 非常厚，褒义｜红□□ [ɕten ɕten] 红而且带有光泽

一般来说，"A"与"bb"的结合具有以下特点。

1）相同的形容词，其后可接不同的叠音后缀，如"软浓浓、软乎乎、软巴巴；黑雾雾、黑麻麻；硬邦邦、硬□□ [ɕtɕiou·tɕiou]"。

第 7 章　形容词的生动形态

2）相同的叠音后缀 bb，可以连接在不同的形容词 A 之后，如"软巴巴、干巴巴、凶巴巴、俏巴巴；黑乎乎、软乎乎、油乎乎、肉乎乎、白乎乎"等。

3）如果 A 本身带有感情色彩，那么 Abb 的感情色彩便与 A 一致。如"俏"为褒义词，因此"俏巴巴"为褒义词，"凶"为贬义词，则"凶巴巴"也为贬义词；此外像"甜咪咪"为褒义词，"脏兮兮"为贬义词；当 A 为中性时，则往往由 bb 决定其感情色彩，像"软浓浓、软乎乎、白浓浓、瘦□□ [$_{\subset}$tɕin]"为褒义词，带喜爱色彩，而"白卡卡、灰普普、软巴巴"则是贬义词，含嫌弃意味。

一般情况下，单音形容词 A 为性质形容词，当加上叠音后缀 bb 或单音后缀 b 时，便转化为状态形容词，带有明显的形象色彩和感情色彩，对 A 的程度也进行了加强。

近些年来，固始方言这种 Abb 式中的叠音后缀 bb 大都可以变为单音后缀 b，但无论是其形象色彩、感情色彩，还是其程度的强化等均没有发生变化，即 Abb = Ab，如"俏巴巴"可以说成"俏巴"，"白浓浓"可以说成"白浓"，"灰普普"可以说成"灰普"，"软浓浓"可以说成"软浓"等。但"软巴巴、干巴巴、凶巴巴、脏兮兮"等好像是例外。

这种附加式在句中主要作谓语、补语，有些还可以作定语。但无论作任何成分，其后一定要加助词"的"，特别是当 Abb 变为 Ab 时更是如此。如：

（1）他书包鼓堆＝（堆＝）的。
（2）这菜青市＝（市＝）的。
（3）这布软浓（浓）的。
（4）他活做得俏巴（巴）的。
（5）黑板擦得光滑（滑）的。
（6）这白浓（浓）的馍就扳扔丢啦。

固始方言的 bbA 式很少，只有"邦邦硬、绷绷干指衣服等晒得极干，或形容口袋里没有一分钱、尕尕干多形容口袋里没有一分钱"等几个。bbA 式在强化程度中最高，因此后面不能再加助词"的"，在句中多作谓语、补语。如：

（7）我口袋里头尕尕干，啥子也没得。

(8) 我腿累得邦邦硬。

7.2.2　A+bc 式

后缀"bc"的数目很少，但用得十分广泛，常见的有"巴叽、呱俏"两个，"巴叽"具有"否定、厌恶"意味，"呱俏"具有"肯定、赞扬"意味。后附"巴叽"的"A"多为单音节，后附"呱俏"的"A"多为双音节，如："淡巴叽、咸巴叽、愣巴叽、绿巴叽、蓝巴叽、机灵呱俏、伶俐呱俏"等。它们在句中多作谓语，有时也可作补语，其后要有"的"。如：

(9) 这鱼做得淡巴叽的，一点都不好吃！

(10) 这衣裳染得红巴叽的，难看死啦！

(11) 这孩子机灵呱俏的。

7.2.3　A+bcd 式

"bcd"的数量也不多，常见的只有"巴去溜、巴拉叽、巴答拉、巴溜秋"等。这里面的"巴"也可说成"不"，均含有一种"否定、嫌弃"的意味。它们对形容词的选择比较严，如"巴去溜、巴溜秋"只出现在表颜色的形容词后面，像"红、蓝、绿"等；"巴答拉"只出现在形容词"软"的后面；"巴拉叽"或出现在表质地的形容词后面，如"软、硬"等，或出现在形容人"不灵活、不聪明"的形容词后面，如"傻、呆、愣"等。因此常见的 A+bcd 式词语有"黄巴去溜、蓝巴去溜、呆巴拉叽、傻巴拉叽、硬巴拉叽、软巴答拉、黑巴溜秋"等。它们在句中一般多作谓语，也可作补语，其后要有"的"。如：

(12) 这布黄巴去溜的，真难看！

(13) 他有点傻巴拉叽的。

(14) 我腿累得软巴答拉的，一点都走不动。

(15) 他长得黑巴溜秋的。

第8章　几种特色句

本章的特色句主要包括被动句、处置句、比较句、否定句、疑问句和先行句等六种。下面依次讨论。

8.1　被动句

固始方言的"被动"语义既可以用无标记形式表达，也可以用有标记形式表达。无标记形式如"饭吃完啦""树砍光啦""水喝完啦"等。有标记形式的被动标记主要有"叫""搞""被""让""给"等，其中"叫"用得最普遍，"让、给"用得较少，"被"用得虽多，但多见于年轻人，是普通话影响的结果。另外，"给"还可表达处置标记，详见8.2。下面主要讨论有标记的被动句。

固始方言有标记被动句的格式主要有"NP_1 + 叫/搞/被/让/给 + NP_2 + VP""NP_1 + 叫/搞/被/让 + NP_2 + 给 + VP""NP_1 + 叫/搞/被/让 + NP_2 + 给 + Pron + VP"等三种。

1）NP_1 + 叫/搞/被/让/给 + NP_2 + VP

这种格式是固始方言最常见的被动句。如①：

(1) 他叫人打一顿。
(2) 鸡叫小偷偷跑啦。
(3) 手叫蜂子叮一口。
(4) 脚叫蛇咬啦。
(5) 狗叫他打死啦。

---

① 由于"叫、搞、被、让、给"用法基本一致，因此下面的例句一般只举"叫"字，"搞""被""让""给"等可以依此类推。

（6）那个神经病叫人撵出去啦。

（7）他这次叫人打得厉害。

（8）鸭子叫他撵到圈里去啦。

2）NP₁ + 叫/搞/被/让 + NP₂ + 给 + VP

该句式相对第1）种句式则用得较少。

（9）车子叫他给骑跑啦。

（10）椅子叫他给弄坏啦。

（11）书叫他给借走啦。

该句式由于VP前已有助词"给"，因此被动标记不能为"给"，否则说起来别扭，基本不能说。

3）NP₁ + 叫/搞/被/让 + NP₂ + 给 + Pron + VP

该格式由于代词前已有"给"，所以被动标记也不能为"给"。这种格式用得最少，但相对比较特殊。如：

（12）我刚才叫你给我气得要死。

（13）他叫小偷给他打一顿。

（14）她的小说书叫老师给她收跑啦。

（15）你的工资叫他给你全花光啦。

该格式中，由于"给"后面的人称代词在NP₁中已经出现，因此具有一定的回指性质。该格式通过"给"后人称代词的回指，意在对该人称代词进行处置。如例（14）如果没有"给"后人称代词"她"的回指，则主要表示对"她的小说书"的处置。但由于有"给"后人称代词"她"的这种回指，则成了意在强调对"她"的处置。

有时NP₁中虽没有代词，但"给"后的代词跟NP₁具有同一性。如：

（16）门口的树叫他给它们全砍没得啦。

（17）狗叫我给它卖啦。

上述三种格式，后两种格式其实完全可以看成是第1）种格式增添某些成分而形成的。如在第1）种格式的VP前增添"给"就形成第2）种格式，再在"给"后添加代词就形成第3）种格式。

上述三种格式中的VP多为述补结构的短语。但也不是所有的述补结构都能充当VP，只有表结果、趋向、数量、状态、处所等述补结构才可以，例子见上。而表程度、可能、时间等述补结构因语义制约则不可以。

NP₂很多时候也可以省略。如：

（18）狗叫撵跑啦。

（19）脸叫叮一口。

（20）蚊子叫打死啦。

固始方言的被动句在很多方面都跟普通话一致。如：

1）VP必须较为复杂，其主要动词后面一般要有其他成分。最常见的为补语，少数为宾语。如：

（21）钱叫他花光啦。

（22）路叫他们挖断啦。

（23）门口那块地叫他种菜啦。

若VP后没有补语、宾语等成分，其后至少要跟具有时体意义的语气助词①。如：

（24）鸡叫他吃蛮？

（25）狗叫他卖啦。

（26）菜叫他砍喽。

上述例句的语气助词"蛮""啦""喽"等不能省略。如不能说：

（27）＊鸡叫他吃？

（28）＊狗叫他卖。

（29）＊菜叫他砍。

2）动词一般要有一定的处置性，即对受事要有一定的影响。如果没有影响，则不能说。如：

（30）＊车子叫他看啦。

（31）＊家叫他回啦。

3）被动句一般表达不如意的事情。如：

（32）他叫拐跑啦。

（33）板凳叫他□［ₒtɕ'yo］烂砸烂啦。

（34）屋叫这些城管的扒光啦。

---

① 有些语气词除了表达语气之外，还能表达一定的时体意义。关于这一点，详见10.2。

近些年由于受普通话的影响,"叫、让、给"构成的被动句也可表如意的事情①。如:

(35) 他的咳嗽叫/让/给医生治好啦。

(36) 今个的中午饭叫/让/给他做好啦。

(37) 东三斗田地的名称的稻叫/让/给学生帮忙割回来啦。

尽管如此,被动句表达不如意的倾向还是非常明显。很多被动句子一旦放在静态环境下,就会被人们理解为不如意的事。如:

(38) 粮食叫拉走啦。

(39) 门叫打开啦。

(40) 车子叫他卖啦。

上述例句在静态环境下,都会被人们理解为不如意的事。其实这些句子在一定的语境里也是可以表如意的事情。

被动句表达不如意的事情,这在被动标记"搞"中表现得最为明显。"搞"一般只能表不如意的事,如下述例句若用"搞"均不能说:

(41) *菜园搞他浇啦。

(42) *当院院子搞他扫干净啦。

(43) *衣裳搞他洗啦。

"菜园被浇""院子被打扫干净""衣服被洗"都是如意的事情,但用"搞"字完全不能说。像这种表如意的被动句,只能用"叫、让、给"来表达。

这种情况可能跟"叫、搞、让、给"的不同来源有关。汉语方言的被动标记主要有三种来源:来源于遭受义动词、来源于使役义动词、来源于给予义动词。固始方言的被动标记"让、叫"显然来源于使役义动词,"给"则来源于给予义动词。这是因为"让、叫""给"目前还有使役义动词、给予义动词的用法。如:

(44) 你让他来看看。

(45) 叫他过来一趟。

(46) 给他一本书。

至于"搞",我们觉得应该来源于遭受义动词。因为"搞"现在还

---

① "被"是普通话影响的结果,因此关于其用法及来源等不讨论。

能作为动词，且其后所接补语也多为不如意的结果①，如"搞坏啦""搞烂啦""搞没得啦"。虽然也有如意的结果，如"搞好啦"，但这种说法较新，是近来才出现的。这种情况可能是因为"搞"来自遭受义动词，所以只能表达不如意的事情。"被"也来源于遭受义动词，却能表如意的事情，这是因为"被"是从普通话引进来的，并不是固始方言的本土词汇。

4）主语所表示的受事必须是有定的。一般情况下是在受事前面添加"这""那"或其他的限定性词语，使之成为有定。如：

（47）这药叫他甩扔掉啦。

（48）那人叫老警警察逮起来啦。

（49）他家的鹅叫人家□［lauᶜ］死用药毒死啦。

有些受事虽没加限定性的词语，但由于交际双方事先都知道，其实也是有定。如：

（50）书卖出去啦。

（51）饭吃光啦。

如果完全不知道受事为谁，一般情况下会在受事的前面加动词"有"，使之有一定的限定性。如：

（52）有个学生叫老师打一顿。

（53）将才刚才有人叫车碰啦。

（54）有本书叫他借没得啦。

5）能愿动词和表否定、时间等的副词只能置于被动标记的前面。如：

（55）老张<u>可能</u>叫朋友坑啦。

（56）他<u>没</u>叫蛇咬着。

（57）这件事<u>已经</u>叫他安排好啦。

被动标记"让、给"用得较少，尤其是"给"。有些被动句若用"给"表达，显得很别扭。如：

（58）老鼠给猫吃啦。

（59）老张给老李打一顿。

---

① "搞"接宾语时却看不出如意不如意，如"搞工作""搞事情"。

这些被动句用"给",必须要在特定语境下才行,否则人们极易理解为处置句。

8.2 处置句

固始方言的处置句既可以用介词"给""帮""把"表达,也可以用"V 头［·tou］"格式表达。下面先讨论"给""帮""把"所构成的处置句。

8.2.1 "给""帮""把"构成的处置句

"给""帮""把"这三个处置标记中,"帮"用得最少,多见于老年人;"把"用得最多,多见于中青年人,当为普通话影响的结果;"给"用得较为普遍,且没有明显的年龄限制。

由"给""帮""把"构成的处置句,其主要格式为"N_1 + 给/帮/把 + N_2 + VP",除了标记词的差异外,其形式跟普通话完全一致。如①:

(1) 猫给老鼠吃啦。

(2) 他给饭吃啦。

(3) 他给教室扫干净啦。

格式中的 N_1 可以省略,只保留 N_2。如:

(4) 给活做完啦。

(5) 给水抽干啦。

(6) 给电视修好了。

N_2 可以省略,只保留 N_1。如:

(7) 他给洗完啦。

(8) 他给吃啦。

(9) 他给弄完了。

N_1、N_2 也可以同时省略。如:

(10) 给甩啦。

---

① 由于"给/帮/把"的用法基本一致,因此下面的例句一般只举"给"字,"帮""把"可以依此类推。

（11）给修好啦。

（12）给写好啦。

固始方言由"给""帮""把"构成的处置句在很多方面都跟普通话的"把"字句一致。如：

1）VP 必须较为复杂，其主要动词后面一般要有补语、宾语等。如：

（13）他给花浇死啦。

（14）他把电脑弄坏啦。

（15）他把田里种菱角啦。

若 VP 后面没有补语或宾语等成分，其后至少也要接具有时体意义的语气助词，或者用动词的重叠式。如：

（16）他给作业写啦。

（17）你把猪喂蛮？

（18）猫给鱼吃喽。

（19）你把书看看。

上述例句的语气助词"蛮""啦""喽"不能省略，重叠式也不能变为单音节。如不能说：

（20）＊他给作业写。

（21）＊他把猪喂？

（22）＊猫给鱼吃。

（23）＊你把书看。

2）动词一般要有一定的处置性，即对受事要有一定的影响。如果没有影响，则不能说。如：

（24）＊他给当院院子看看。

（25）＊他给家回回。

3）N_2 一般都是有定的，因此 N_2 前面常会添加"这""那"或其他的限定性词语。如：

（26）他给这瓶酒喝光啦。

（27）你给那本书拿来。

（28）狗给他家的鸡咬死啦。

有些 N_2 虽没加限定性的词语，但由于交际双方事先都知道，因此也是有定的。如：

(29) 他给麻虾卖啦。

(30) 他给垃圾甩扔啦。

但少数情况下，N_2也可以为无定的。如"张老师给人打啦张老师把一个人打了"。

当然也有跟普通话不一样的地方。最主要的表现是能愿动词和表否定、时间等的副词既可以置于处置标记的前面，也可位于后面。如可以说：

(31) 他<u>可能</u>给鸡放跑啦。

(32) 他<u>没</u>给酒喝完。

(33) 他<u>已经</u>给当院院子扫干净啦。

上述例句也可以说：

(34) 他给鸡<u>可能</u>放跑啦。

(35) 他给酒<u>没</u>喝完。

(36) 他给当院院子<u>已经</u>扫干净啦。

不过相对来说，置于处置标记的前面最为常见。

处置标记"给"也可为被动标记，因此有些句子是有歧义的。如：

(37) 他给学生打一顿他把/被学生打一顿。

(38) 他家的狗给蛇吃啦他家的狗把/被蛇吃了。

不过固始方言"给"的被动用法已呈萎缩趋势。比如上述两例若没有特殊语境，人们多认为"给"为处置标记，已很难意识到它的被动用法。

"给"既可作处置标记又可作被动标记，这在普通话及很多方言均是如此，学者们也对此有过详细的讨论，故此处不赘。

处置标记"帮"还有动词的用法，因此有些情况下也会引起歧义。如：

(39) 你帮这个孩子洗洗你帮/把这个孩子洗一洗。

(40) 你帮他看看你帮/把他看一看。

但这种歧义只出现在静态环境下，实际交流中并不会发生。

8.2.2 "V头"构成的处置句

固始方言除了用介词"给""帮""把"表达处置义，还经常用

"V头〔·tʻou〕"格式来表达。"头"不是本字，只是同音字。下面试对"V头"的语法意义与用法、"头"对动词的限制及其他相关问题做些探讨。由于"头"只能放在动词后构成"V头"形式，故文中常把它们放在一块讨论。

8.2.2.1 "V头"的语法意义与用法

"V头"常位于句末，表示对受事的一种处置，与普通话的"把"字句式相当。"V头"的用法可从以下5个方面描述。

1）受事省略，"V头"用于祈使句时可单独成句，用于其他句类时一般要接一些语气词。如：

（41）砍头 把它砍了！

（42）割头啦 把它割了。

（43）踩头 把它踩了！

（44）甩头蛮 把它扔了没有？

（45）埋头好 把它埋了，好不好？

（46）喝头喽 已经喝完了！

（47）字写头啦 已经把字写好了。

上述例子中的动词后加与不加"头"，意思不同。不加"头"时它们仅仅表达动作的一种祈使、陈述、疑问或感叹语气，没有任何处置义。加"头"后则能表达动作的一种处置义。如"砍！"仅表示一种祈使语气，没有处置义，"砍头"则表"把它砍了"，含有处置义。

2）受事不省略，但只能位于"V头"的前面，受事前面可以根据表达的需要加上相应的定语。如：

（48）鸡杀头 把鸡杀了！

（49）那杯水倒头！

（50）门口的那条沟填头唠 把门口的那条沟填了吗？

（51）门口这路修头啦！

（52）俺家的草割头喽。

上述例中"V头"前的那些名词性成分在句法上是主语，但语义上却是受事。如在"鸡杀头"中，"鸡"虽是主语，但语义上却是"杀"的受事，因此"鸡杀头"是说"把鸡杀了"。

但这些名词性成分也可为施事，因此像下面的例子就有歧义：

（53）她卖头啦。

（54）鸡吃头啦。

（55）这孩子扔头唠？

如"她卖头啦"中"她"既可以是"卖"的施事，表"她把某样东西卖了"，也可为"卖"的受事，表"别人把她卖了"。但这种歧义只是在静态分析下产生的，实际交际中不会发生。

3）"V头"前可以受事、施事同时出现，形成主谓谓语句。一般情况下，大主语是受事，小主语是施事。如：

（56）这棵树你砍头你把这棵树砍了！

（57）床我铺头啦。

（58）那屋你扫头唠？

（59）这块田他刚才犁头啦他刚才把这块田犁了！

4）"V头"能与动词"叫""让"结合形成兼语句，此时全句的主语在语义上是动词的受事，但这种情况只能用于祈使句。如：

（60）饭你让他吃头你让他把饭吃了！

（61）粮食让他卖头！

（62）那块肉你叫他烀头你让他把那块肉煮一煮！

（63）书包叫他甩头！

5）在由介词"搞、让、叫、给"所构成的被动句中，"头"还可以位于其中，使句子既有"被动"语义，又含有"处置"语义。但这种情况不能用于祈使句。如：

（64）这书搞他卖头啦这本书被他给卖了。

（65）你家的鸡叫狗吃头唠你家的鸡被狗给吃了吗？

（66）电视让他砸头啦。

（67）手机给他摔头啦。

"V头"虽能单独表达处置义，但有时还会在句中使用处置标记"给、帮、把"等，与"V头"一起表达处置义。"给、帮、把"后面一般要有受事，且必须置于"V头"之前。如：

（68）给砖头踢头把砖头踢走！

（69）给屋推头把房子推倒！

（70）帮狗杀头把狗杀了！

(71) 帮作业写头啦。

(72) 把水倒头好?

(73) 把沟挖头啦。

上述例句的处置标记"给、帮、把"去掉时也不影响句意,且显得更干脆些。

"给、帮、把"后面的受事有时也可省略不说,这时"给、帮、把"直接置于"V头"之前。如:

(74) 给杀头把它杀了!

(75) 帮拆头把它拆了。

(76) 把腌头把它腌了。

除上述5种用法外,"V头"还有其他用法。

1)"V头"之间可以加助词"得",形成"V得头"形式。如:

(77) 饭吃得头好把饭吃了,好不好?

(78) 甩得头把它甩了。

(79) 稻割得头把水稻割了。

(80) 墙头扒得头把墙头扒掉!

2)"V头"也可以位于句中,此时其受事可以位于"V头"之后,"V头"作受事的定语。如:

(81) 人家扔头的东西你还要别人扔了的东西你居然还要。

(82) 甩头的东西要它弄啥子别人扔了的东西要他干什么!

但"V头"位于句中有很大的局限性。它一般只限于"扔、甩、丢"等少数几个动词,且它们位于句中也没有位于句末常见。在表达的流畅性上,人们更倾向于将它们放在句末。

8.2.2.2 "V头"中的"V"

能进入"V头"格式的动词要受到一定的限制。

1)须能对其受事的状态造成一定改变的动词。如"鸡杀头""床铺头"中,"杀"能使"鸡"由"生"的状态变成"死"的状态;"铺"能使"床"由凌乱的状态变成整洁的状态。它们都能对其受事的状态造成一定的改变,故能与"头"结合。

能够对其受事状态造成一定改变的动词肯定具有较强的动作义。但反过来说,并不是具有较强动作义的动词就一定能对其受事的状态造成改变，如"看、搂、敲、摸、拿、抱、听、瞧、摇、靠"等，因此它们均不能与"头"结合。如不说：

(83) ＊书看头！

(84) ＊桌子敲头！

(85) ＊门摸头！

(86) ＊抱头！

(87) ＊水摇头！

这些动词虽具有较强的动作义，但却不能对其受事的状态造成一定的改变。如"＊书看头"中，"看"并不能改变"书"的状态，看与不看，"书"的状态都一样。再如"＊门摸头"中的"摸"，其动作性虽很强，但无论怎么摸，都不会对"门"的状态造成什么影响。

至于不及物动词以及那些没有动作义或动作义不明显的动词，如能愿动词、判断动词、趋向动词等就更难进入此形式。如不说：

(88) ＊它蹲头！

(89) ＊站头！

(90) ＊你肯头！

(91) ＊敢头！

(92) ＊它是头！

(93) ＊你进头！

(94) ＊来头！

"蹲、站"为不及物动词，"肯、敢"为能愿动词，"是"为判断动词，"进、来"为趋向动词，故都不能说。

2）动词须为单音节及物动词，非单音节的及物动词或词语都难以进入此形式。如不说：

(95) ＊打扮头！

(96) ＊修理头。

(97) ＊布置头。

(98) ＊给饭吃完头。

(99) ＊把桌子踢坏头。

(100) ＊手机砸烂头！

"打扮、修理、布置"是非单音节的及物动词，"吃完、踢坏、砸烂"是非单音节词语，尽管它们都具有较强的动作义，且能对其受事的状态造成很大的改变，但也不能入句。

但下列情况似乎是例外。如：

（101）你把鸡杀吃头。

（102）把废铁推卖头。

（103）你去买头。

（104）把垃圾倒甩头。

固始方言虽没有"杀吃、推卖、去买、倒甩"这种组合的词语，但它们毕竟都是双音节的，而且还似乎是合在一起跟"头"搭配。其实这些所谓的双音节"词语"，只有后一音节才跟"头"结合，而前一节只是跟"V头"构成连谓关系。比如"杀吃头"结构为"杀＋吃头"，而不是"（杀＋吃）＋头"。因此上述例子从表面上看是双音节词语跟"头"结合，实际上仍是单音节词语跟"头"组合。

故进入"V头"格式的V必须是能对其受事的状态造成一定改变的单音节性及物动词，因而它是一个可以列举的封闭的类。常见的有以下这些：

杀 砍 割 甩 扔 吃 喝 拔 洗 涮 写 种 踩 庠 倒 铺 做 踢 扒 拆 撕 出 挖 捋 丢 烀 浇 剪 买 铰 栽 腌 填 盖 砸 摔 卖

当然也有个别例外。如"死"是不及物动词，却可以进入"V头"形式，此时它多用于骂人。如：

（105）他咋不死头 他为什么不死啊！

（106）死头！

（107）你死头 你去死！

此外由"死"作补语而构成的动补式双音节词语以及"没收""处理"等极少数双音词也可以进入"V头"格式。如：

（108）鸡掼死头喽 把鸡摔死啦！

（109）踩死头。

（110）饿死头。

（111）把你累死头。

（112）踢死头啦。

（113）处理头 把它们处理一下！

（114）没收头把这些没收了。

8.2.2.3 "头"的来源及词性

根据初步观察，笔者认为"头"是代词"它"与语气词"讴[·ou]"的合音。理由如下。

1) 固始中的有些老年人除了用"V头"外，还偶尔用"V它讴[·tʰa·ou]"表处置义。"V它讴"与"V头"用法一样，区别仅仅是其语气较舒缓。如：

（115）吃它讴把它吃了！

（116）砍它讴！

（117）喝它讴。

（118）草割它讴？

（119）床铺它讴！

上述例句的"V它讴"与"V头"的意思一样，所不同的只是语气都比较舒缓，若其语气再急一些，则"它讴"会很容易合音成"[·tʰou]"。

2) 固始县南边的方集镇、段集镇方言用"V它"表处置义。下面是方集镇的例子：

（120）你给饭做它。

（121）这个东西拿出去甩它。

（122）再不听话把你腿打断它。

（123）别在这玩，不然我把你的球踩瘪它。

方集镇的"V它"跟固始方言的"V头"有许多相同之处，但也有不少差异之处。主要差异有两点。其一，方集镇的"V它"只能用于祈使句，不能用于陈述句、疑问句；其二，方集镇的"V它"可以是双音节的动补短语，如上例的"打断""踩瘪"等。

不仅如此，固始县周边很多的县市，如湖北鄂东地区、豫南信阳地区方言也都普遍用"V它"表处置义，其用法都与固始方言的"V头"大同小异。

上述这些用"V它"表处置义的方言，其"它"具有较强的回指功能，代词性比较明显，"V它"在结构上可以看作动宾短语。

据此不难看出固始方言的"头"就是"它讴"的合音。而"头"

若是"它讴"的合音,那就意味着固始方言早期的处置义是用动宾结构表达的。而这并不稀奇,因为据王力研究(2004),七世纪以前的汉语本来就没有处置式,表处置义的地方都用一般的动宾结构。因此早期固始方言的这种用动宾结构表处置义是与上古汉语相合的。另外据李如龙、张双庆调查(1992),客家方言的很多地方就用一般的动宾结构来表达处置义。如普通话的"把饭吃了",连南说成"食了饭",宁化说成"食□[t'ia⁷]饭";"把盖子拧紧",翁源和连南说成"拧紧盖子",陆川和香港则说成"拧紧盖"。王力《汉语史稿》(2004:479)中也说:"粤语和客家话,在一般口语里是不用处置式的。'把它吃掉'译成广州话是'食咗佢',译成客家话是'食了渠'"。

综合上述讨论,我们认为"头"为"它讴"的合音,即"V头"以前为"V它讴",而"V它讴"是一个动宾结构。

8.2.2.4 "头"的性质

"V头"是从"V它讴"演变来的。"V它讴"这个结构比较容易分析,如"它"为代词,作V的宾语,"讴"为语气词,因此整个"V它讴"为动宾结构。但"它讴"合音为"头",再对"V头"重新分析时就显得较为麻烦。首先"头"不是V的受事,因此"V头"不是动宾结构。其次"头"不是V的补语,因为"V头"中间可以添加助词"得",语义不变。而固始方言的述补结构中,只有可能补语才可以加"得"或不加"得",但"V头"没有可能的语义,因此"头"不可能是V的补语。"头"会不会是语气词呢?这确实很有可能。因为"V头"的常见位置是句末,典型句类为祈使句,这种环境下的"头"自然带有一定的语气。不过"头"还能位于句中,且"V头"中间还能添加助词"得",因此即使把"头"处理为语气词,它也不是典型的语气词。鉴于"头"具有一定的处置语义,本书暂且将其称之表"处置"的助词。

8.2.3 "V头"与"给/帮/把"等构成的处置句的比较

固始方言的"给/帮/把"字句和"V头"都能表达处置义,但它们有许多不同点。

1)"V 头"中的动词必须能够对其受事的状态造成一定的改变，因此像"看、瞧、敲、摸、拿、抱、听、摇、靠、搂"等动词就不能入句，而"给"字句等则可以。如可以说：

（124）过来给/帮/把这本书看一看！
（125）他给/帮/把车子摸了摸，啥话也不说。
（126）他一进来就给/帮/把瓶子里的水摇唠摇。

而这些"给/帮/把"字句是不能用"V 头"来表达的。

2)"V 头"中的动词一般为单音节动词，非单音节动词性词语很难入句。而"给/帮/把"字句则一般不用光杆动词，其后要带有补语、宾语，或者接一些语气词，至少也要为重叠式。如：

（127）给沟挖深。
（128）帮这块地种花生。
（129）把饭吃啦。
（130）给书看看。

3)"V 头"还能用于被动句中，而"给/帮/把"字句则不行。如可以说：

（131）锅搞他砸头啦。
（132）刚买的菜让他甩头啦。
（133）树被他栽头啦。

"给/帮/把"字句都不能用于这些被动句中。

8.3 比较句

固始方言中的比较句，很多都跟普通话差不多，只有"A + 跟 + B + 一般 + X""A + 称[1]/称上/称得上 + B""A + 比 + B + X""A + V（得）+ 才 + B""A + V（得）+ 过 + B"等五种格式较有特色。前两个为等比句，后三个为差比句，里面的 A 为求比项，B 为被比项，X 为比较的结果。

---

[1] "称"读 [₋tsʻeŋ]，本字疑为"胜"。但稳妥起见，暂用同音字"称"表示。

8.3.1 等比句

等比句也叫平比句，表比较的双方在某一属性上相同或接近。固始方言等比句较有特点，主要有三种格式。

8.3.1.1　A + 跟 + B + 一般 + X

该句式的"一般[ᶜpan]"为"一样"，表比较双方在某一属性上完全相同。如：

（1）我跟你一般高_{我跟你一样高}。

（2）这屋跟那屋一般大。

（3）这个板凳跟那个板凳一般长。

该句式有两个特点。一是 X 一般多是积极的，比如上例的"高""大""长"。消极的在很多情况下不能说。如：

（4）﹡我跟你一般矮。

（5）﹡这屋跟那屋一般小。

（6）﹡这个板凳跟那个板凳一般短。

二是 X 必须是具体的，且肉眼可见，能够容易进行比较的。比如上例的"高""大""长"。若比较抽象，难以进行比较的一般不能说。如：

（7）﹡我跟你一般累。

（8）﹡他跟你一般快。

（9）﹡他写得跟你一般好。

上例的"累"比较抽象，"快""好"虽容易辨别，但若确定双方是否完全"一样快""一样好"时却很难，因此都不能说。

由于"A + 跟 + B + 一般 + X"表比较双方在 X 方面几乎没有差别，因此 A 和 B 的位置可以互换，语义不变。如"我跟他一般大"也可以说成"他跟我一般大"，基本语义不变。

"跟"有时也会省略，此时 A、B 合为一个群体。如：

（10）俺两个一般多。

（11）他几个一般重。

（12）这两间屋一般大。

8.3.1.2　A+称/称上/称得上+B

此类比较句式表示 A 在某一方面和 B 差不多,至少不比 B 差,有时还暗含比 B 略强的意味。比较词可以是"称",也可以是"称上""称得上"。如:

(13) 他称/称上/称得上他姐啦。

(14) 小李称/称上/称得上小陈啦。

(15) 今年称/称上/称得上去年啦。

这种比较句在形式上只有比较项和比较词,没有显现出是在哪一方面进行比较。但这并不影响句意,因为在实际交际中,交际双方都是知道的,故经常省略。

此句式既可以在高、矮、胖、瘦等具体方面进行比较,也可以在道德、品质等抽象方面进行比较。如果非要将这些比较的方面补充出来,则它可以:①放在 B 后,和 B 形成定中或主谓结构;②直接加在 A 前,或放在 A 和"称(上)"之间;③可以在 A、B 后面同时加,和 A、B 形成定中或主谓结构。如:

(16) 小王称/称上/称得上他哥个子啦。

(17) 论个子你称/称上/称得上他啦。

(18) 小赵在学习上称/称上/称得上他哥啦。

(19) 你吃饭称/称上/称得上他吃饭啦。

(20) 你衣裳称/称上/称得上她衣裳啦。

此格式也有否定形式。否定形式可以是"A+不称+B",也可以是"A+称不上+B",二者均是对未然的否定。如:

(21) 今年不称去年。

(22) 小陈称不上小李。

(23) 黄瓜称不上西瓜。

若是对已然的否定,则用"A+没+称/称上+B"。如:

(24) 他没称/称上他哥。

(25) 小林没称/称上小李。

8.3.2　差比句

差比句用来比较事物的高下。固始方言较有特点的差比句有"A+

比+B+X""A+V（得）+才+B""A+V（得）+过+B"这三种句式。其中"A+V（得）+才+B"的用法跟"A+V（得）+过+B"完全一样，只是后者用得较少，且多见于老年人，有消失的趋向。因此下面只讨论前两种句式。

8.3.2.1　A+比+B+X

该句式跟普通话的格式基本相同，但与普通话略有不同的是X的后面会经常加一些补语，表A、B之间的差距程度。常见的有"些[·ɕi]""一些[ˆɕiɛ]子""好些[ˆɕiɛ]子""一点""小丁囗[ˆkɤ]一小点"等。如：

（26）他比你快。

（27）我比他高些。

（28）他比你多好些子。

（29）小李这人比小张好一些。

（30）老王比老陈会做多啦。

跟等比句的"A+跟+B+一般+X"不同的是，该句式的X没有什么限制。X既可以是积极方面的，如"高、快、好"等，也可以是消极方面的，如"矮、慢、坏"等，还可以是具体可见的，如"高、矮、胖、瘦"，又可以是抽象的，如"累、好、坏"等。如：

（31）这棵树比那棵树高一些。

（32）我比你哥还大些。

（33）他比你慢好些子。

（34）我比她矮丁囗[ˆkɤ]　我比她矮一点。

（35）他比你坏多啦。

X后面表差距的程度补语，有的表差距很大，如"好些子"，有的表差距微小，如"小丁囗[ˆkɤ]"。一般来说，当X较为具体可见时，表差距明显与差距微小的补语都可以放在X后面。如：

（36）他比你胖好些子。

（37）我比你高小丁囗[ˆkɤ]。

但当X较为抽象时，后面只可以接表差距程度较明显的补语，不能接表差距程度微小的补语。如可以说：

（38）我比你累多啦。

(39) 你比我好多啦。

但不能说：

(40) *我比你累一小丁口［$_⊆$kɤ］。

(41) *你比我好丁口［$_⊆$kɤ］。

这是因为 X 较为抽象，只有当 A 和 B 之间差距较为明显时才能观察得到，而差距太小时就很难观察到。

"A + 比 + B + X" 的否定形式为 "A + 没得 + B + X"，此时 X 后面不能接补语。如：

(42) 他家没得你家好。

(43) 屋里没得外面热。

(44) 这塘没得口［len$^⊃$］那么深。

(45) 他没得你跑得快。

(46) 小张没得小李会说。

8.3.2.2　A + V（得）+ 才 + B

此类比较句表示相比较的 A 在某一方面比 B 略强，至少不比 B 差。句子末尾一般要加上起成句作用的语气词"啦"。如：

(47) 我吃才他啦。

(48) 我栽秧栽才他啦。

(49) 小王跑才他啦。

动词后还可以添加助词"得"，加与不加，语意没有变化。但加"得"后，句子显得流畅些，且句子末尾一般不需再添加"啦"。如：

(50) 他打得才你。

(51) 小李斗得才小张。

(52) 我走得才他。

(53) 你说得才他。

能够进入此格式的动词必须为单音动词，双音节不能进入此格式。如不说：

(54) *我学习才他啦。

(55) *他吵架才小王啦。

(56) *小陈照顾才小李。

但也并非所有的单音动词都能进入此格式。此格式主要是在"力

量""速度""数量""能力"等几个方面进行比较,因此进入此格式的单音动词至少要含有这几个方面中的一个才行。如:

(57) 我打才他啦。

(58) 他跑得才我。

(59) 小张吃得才小汪。

(60) 他考得才你。

有些动词,如"看、劝"等,在"力量、速度、数量、能力"等方面表现不明显,因而进入此格式较难,如"他看才我啦。|你劝得才他"等,说起来极为别扭,几乎不能说。只有当动词前加上某些词语,能够显现出是在这几个方面之一进行比较时,才可以进入此格式。如:

(61) 我看书看得才他。(速度/能力)

(62) 你劝人劝得才他。(能力)

而有些动词,如"死、见、醒、叫、喊、笑、请、像、是、姓、怕"等则极难进入此格式。

此格式的否定形式有两种。一种为"A + V + 不 + 才 + B",表 A 在某方面不如 B,此时助词"得"必须省略。如:

(63) 小张吃不才小王。

(64) 你考不才小李。

(65) 小林砍柴火砍不才小陈。

另一种为"A 没 V(得)+ 才 + B",表 A 在某方面不及 B,此时动词后虽也可加"得",但不加"得"更显得流畅些。如:

(66) 我跳绳没跳(得)才他。

(67) 他演戏没演(得)才你。

(68) 小张钓鱼没钓(得)才你。

这两种否定式的语义并不相同,"A + V + 不 + 才 + B"是对未然的否定,"A + 没 V(得)+ 才 + B"是对已然的否定。

8.4 否定句

固始方言的否定词主要有"不""没""别[pɛˀ]""没得""没

有"等。其中"不""没""别""没有"等跟普通话的用法差不多，只有"没得"一词较为特殊，因此下面只讨论由"没得"构成的否定句。

"没得"是"有"的否定式，它同普通话"没/没有"的动词性用法基本一致。

1）对领有、具有的否定，其格式大多为"没得+名"。如：

（1）他没得房子。
（2）俺们现在没得多余的钱。
（3）他没得啥值钱的东西。
（4）他的火车票没得啦。

"没得+名"有时可以受"最、太"等程度副词的修饰。如：

（5）他这样做最没得道理啦。
（6）你做事也太没得人性啦！

此外"没得+名"还可以作为连动句的前项。如：

（7）他没得时间看书。
（8）我没得东西送给你。
（9）你没得资格发言。

2）对存在的否定，句首常会出现有时间、处所等词语。如：

（10）今个没得雨。
（11）外头外面没得东西。
（12）床里头没得人。

"没得+名（代）"也可以用于兼语句中，其中"名（代）"为兼语，"没得"为动语。如：

（13）这里头没得人帮你忙。
（14）昨个没得学生交作业。

3）用在"谁、哪个"等前面，表示"全都不"。如：

（15）没得谁会同意你跟这样做。
（16）这里没得哪个不喜欢下象棋的。

4）"没得"后加数量性词语，表示数量的不足。如：

（17）他这次考试还没得70分。
（18）来这没得两天就想家啦。

5）用在比较句中，为差比句，表示不足。又可分成两小类。

①"没得+那么+形"。如：

（19）他没得那么好。

（20）家里没得那么热。

（21）这塘没得那么深。

②"没得+名/代+形/动"。如：

（22）她没得你聪明。

（23）这学校没得那学校好。

（24）我没得你跑得快。

（25）小王没得小李会做活。

"没得"不具有普通话"没/没有"的副词性用法。普通话中用副词性"没/没有"否定的句子，在固始方言中不能用"没得"替代，因而"没得"后面不能接动词性词语。如不说：

（26）＊他没得跑。

（27）＊你没得上学。

（28）＊我没得写字。

不过固始方言中有一个否定词"没"，它的用法和普通话的"没/没有"的用法基本一致，也即既可以作动词，又可以作副词。如：

（29）他家里没人。

（30）我口袋里没一分钱。

（31）他现在还没来。

（32）作业还没写。

因此由"没"构成的否定句有时会有歧义。如：

（33）这车子没锁。

（34）他没报告。

上述例子的"锁""报告"既可以是名词，又可以是动词，句子有歧义。若将"没"换成"没得"，则"锁""报告"只能为名词，句子便没有歧义。

在固始方言中，"没有"很少用，它主要出现在知识分子或年轻人的口中，是受普通话的影响才逐渐使用的。

8.5 疑问句

疑问句是按句子语气分出的类。由于疑问句自身结构上的特有标记、语义上的特有内涵及语用上的特殊功能，因而角度不同，疑问句的分类便会不同。现代语法学界比较一致的分类为4类：是非问，特指问，选择问和反复问（正反问）。本书也采用这个分法来对固始方言的疑问句作一些描写。下面先讨论反复问。

8.5.1 反复问①

反复问又叫正反问。在普通话中，它是由谓语的肯定形式与否定形式并列构成的。固始方言中，很少有普通话这种"VP不VP""VP没VP"形式的反复问，如"来不来、是不是、有没有"等，而主要用"可VP"形式表达。"可VP"的"可"为副词，它既可读[ke]，又可读[kʻe]。由于其在语流中有变调现象：去声前读阳平，非去声前读去声，因此本调不明，本书暂且用"可"替代。

除此之外，固始方言的有些语气词也能表达一定的反复问，如"呢""好"等。"呢"字在8.5.3会有讨论，这里只讨论"好"。

(1) 他正咱过去好 他现在过去，好不好？
(2) 我去上学好 我去上学，好不好？

上述例句形式上为是非问，但语义上却为反复问。

但这种"呢"字句和"好"字句的反复问用法很受限制。比如"呢"字句对语境要求很高，它有时还可以理解为特指问和选择问（具体见8.5.3）。"好"字句中的主要动词一般为自主动词，如"吃、玩、去、来、打、写"等，而许多非自主动词，如"是、有、姓"等则不能用于"好"字疑问句中。如不能说：

(3) *你是学生好？
(4) *我有钱好？

---

① 刘祥柏（1997）《六安丁集话的反复问》对丁集话的反复问进行了极为细致地考察。固始方言的这种反复问与丁集话的反复问有很大的相似性，但也有一些独特的地方。本书在写作时借用了此文的格式及某些说法。

（5）＊你姓张好？

相比语气词"呢""好"所表达的反复问，"可VP"就显得自由灵活得多。下面主要讨论"可VP"形式的反复问。

关于"可VP"的性质，学者们争议很大。许多学者认为是是非问（赵元任，1928、游汝杰，1993、刘丹青，2019）。如游汝杰认为"可VP"从语法形式上来看，同"VP不VP"不一样；从回答的方式来看，"可VP"可以用摇头和点头来回答。也有学者认为是反复问（朱德熙，1985，贺巍，1991）。如朱德熙从"可VP"的回答方式，同语气词的搭配以及"可VP"与"VP不VP"不共存等三个方面来证明"可VP"为反复问。除此之外，袁毓林（1993）认为是双重问句，徐烈炯、邵敬敏（1998）认为是正反是非问。

侯超（2015）认为争议之所以很大，原因之一是人们未将"可VP"与"可是VP"区分开。"可VP"相当于普通话的"VP不VP"，其内部结构为"可＋VP"，如"可吃饭吃不吃饭"；"可是VP"类似于普通话的"是不是VP"，其内部结构为"可是＋VP"，"可是"已成为一个凝固性疑问词，如"可是吃饭是不是吃饭"。侯超认为"可＋VP"属反复问，而"可是VP"属是非问。普通话的"是不是VP"确实跟一般的反复问不同，不少学者也建议将其从反复问中分出，如陶炼（1998）、丁力（1999）等。许多方言除了"可VP""可是VP"外，还有"可是NP"形式。侯超认为"可是NP"的内部结构为"可＋是NP"，"是"为判断动词，因此跟"可VP"一样也属正反问，而不同于"可是VP"的是非问。本书暂且同意侯超的看法，将固始方言的"可是VP"看作是非问，"可VP"与"可是NP"均看作反复问。

但严格来说，"可是NP"只是"可VP"的一个特殊小类，它们并不是并列关系。不过"可是NP"有自己的特点，最显著的是判断动词"是"可以省略，形成"可NP"形式。而"可VP"中，即使VP为动宾结构，动语V也不能省略。如"可是学生"可以省略"是"说成"可学生"，"可吃饭"则不能省略"吃"而说成"可饭"[①]。鉴于此，本书将"可VP"与"可是NP"分开单独讨论，下面的8.5.1.1、

[①] "可饭"虽然能说，但它是"可是饭"的省略，不是"可吃饭"的省略。

8.5.1.2 主要讨论"可 VP",8.5.1.3 主要讨论"可是 NP"。另外,本书凡不加注明的"可 VP"都不包括"可是 NP"。

普通话的反复问有两种形式:一种为"VP 不 VP",另一种为"VP 没 VP"。普通话的"VP 不 VP"在固始方言中用"可 VP"表示,"VP 没 VP"用"可 VP 蛮"表示,"蛮"为语气词。"可 VP"询问的是未然的情况,如"可看看不看";"可 VP 蛮"询问的是已然情况,如"可看蛮看没看"。即"可 VP"与"可 VP 蛮"并不相同。下文为叙述方便,特将"可 VP"称为 A 型,"可 VP 蛮"称为 B 型。

8.5.1.1 非述补关系谓词性成分的反复问形式

非述补关系谓词性成分的反复问,"可"多放在谓词性成分前面,既有 A 型,也有 B 型。能放在"可"后面的谓词性成分比较多,它们可以是单音动词、形容词,也可以是带上动态助词的动词、形容词,或动词、形容词词组。如:

<u>A 型</u>   <u>B 型</u>

动词:

(6) 可吃吃不吃[①]   可吃蛮吃没吃

(7) 可玩玩不玩   可玩蛮玩没玩

形容词:

(8) 可麻烦麻烦不麻烦   可麻烦蛮麻烦没麻烦

(9) 可冷冷不冷   可冷蛮冷没冷

动+助:

(10) *可吃在   可吃在蛮吃没吃了

(11) *可去过   可去过蛮去没去过

形+助:

(12) *可红唠很长远   可红唠很长远蛮有没有红了很久

(13) *可冷过   可冷过蛮冷没冷过

动词重叠:

(14) 可说说说说不说说   可说说蛮说说没说说

---

① 由于本书只考察疑问形式,故例句的问号省去不加,有些话语用普通话很难表现出来,因此里面的翻译只是意译。

（15）　可玩玩玩玩不玩玩　　　　　可玩玩蛮玩玩没玩玩

偏正：

（16）　可慢慢走慢慢不慢慢走　　　可慢慢走蛮慢慢没慢慢走
（17）　可非常大非常不非常大　　　可非常大蛮非常大没有
（18）　可三尺长是否三尺长　　　　可三尺长蛮三尺长没三尺长
（19）　可吱吱响吱吱响不吱吱响　　可吱吱响蛮吱吱响没吱吱响
（20）　可一步步走一步不一步步走　可一步步走蛮一步没一步步走
（21）　可马上回来马上不马上回来　可马上回来蛮有没有马上回来

连谓①：

（22）　可去赶集去不去赶集　　　　可去赶集蛮去没去赶集
（23）　可叫他去叫不叫他去　　　　可叫他去蛮叫没叫他去
（24）　可出去逛逛出不出去逛逛　　可出去逛逛蛮出去没出去逛逛
（25）　可比我高比不比我高　　　　可比我高蛮比没比我高
（26）　可有人说话有没有人说话　　可有人说话蛮有没有人说话
（27）　可把水倒掉把不把水倒掉　　可把水倒掉蛮没把水倒掉
（28）　*可被他打一顿　　　　　　可被他打一顿蛮被没被他打一顿

述宾：

（29）　可吃饭吃不吃饭　　　　　　可吃饭蛮吃没吃饭
（30）　可给他钱给不给他钱　　　　可给他钱蛮给没给他钱

以上便是其典型分布的大致情况。其中少数偏正词组的反复问，"可"可以放在状语和中心语之间，不过意思略有变化。如"可马上回来"≠"马上可回来"。"可马上回来"其疑问的重心是"马上"，"马上可回来"的疑问重心是"回来"。

其他连动词组往往也可以有两种顺序，但意思却完全不同。如：

　　　　　A 型　　　　　　　　　　B 型
（31）　可去打球去不去打球　　　　可去打球蛮去没去打球
（32）　去可打球去了打不打球　　　去可打球蛮去了打没打球

8.5.1.2　述补结构中的反复问形式

固始方言的述补结构有的带"得"，有的不带"得"。结果、趋向、

---

① 这里为了方便，把处置句、被动句等也放在连谓里面。

动相、数量、时间及处所等六类述补结构均不能带"得",表状态的述补结构必须带"得",可能与程度这两类述补结构既可以带"得",也可以不带"得"。

先讨论不带"得"的结果、趋向、动相、数量、时间及处所这六类述补结构的反复问。

1) 结果、趋向等六类述补结构

结果、趋向、动相、数量、时间及处所等这六类述补结构均不带"得",其反复问的"可"都只能出现在述补结构前面,而不能出现在述语和补语之间。如:

  A 型   B 型

结果:

(33) 可装满装不装满   可装满蛮装没装满

(34) 可洗干净洗不洗干净   可洗干净蛮洗没洗干净

趋向:

(35) 可交上去交不交上去   可交上去蛮交没交上去

(36) 可送过来送不送过来   可送过来蛮送没送过来

动相:

(37) *可看到学校   可看到学校蛮看没看到学校

(38) *可挖着黄鳝   可挖着黄鳝蛮挖没挖到黄鳝

数量:

(39) 可走一趟走不走一趟   可走一趟蛮走没走一趟

(40) 可看一天看不看一天   可看一天蛮看没看一天

时间、处所:

(41) *可生在98年   可生在98年蛮出没出生在98年

(42) 可坐到街坐不坐到街   可坐到街蛮坐没坐到街

2) 表状态的述补结构

表状态的述补结构必须带"得",其反复问情况可从三个方面描写。

①用性质形容词作补语。这种结构中,"可"只能放在性质形容词的前面。如:

	A 型	B 型
（43）	走得可快_走得快不快_	走得可快蛮_走得快没快_
（44）	站得可直_站得直不直_	站得可直蛮_站得直没直_
（45）	烧得可烫_烧得烫不烫_	烧得可烫蛮_烧得烫没烫_
（46）	扫得可干净_扫得干净不干净_	扫得可干净蛮_扫得干净没干净_

②用主谓性词组充任补语。这种结构中，"可"既可以放在主谓词组的谓语前面，也可以放在整个述补结构的前面。如：

（47）A 型：累得腰可疼_累得腰疼不疼_

　　　　可累得腰疼_累不累得腰疼_

　　B 型：累得腰可疼蛮_累得腰疼没腰疼_

　　　　可累得腰疼蛮_累没累得腰疼_

值得一提的是，这种结构的"可"不能放在主谓结构的前面，即不能说"＊累得可腰疼"。"累得可腰疼"这句话虽然能说，但它是"可是 VP"类型的是非问①，而非"可 VP"反复问。

③其他成分充任补语，则"可"既可以放在该成分的前面，也可以放在整个述补结构的前面。如：

动词性词组充任补语：

（48）A 型：累得可直淌汗_累得直淌汗不淌汗_

　　　　可累得直淌汗_累不累得直淌汗_

　　B 型：累得可直淌汗蛮_累得直淌汗没淌汗_

　　　　可累得直淌汗蛮_累没累得直淌汗_

状态词充任补语：

（49）A 型：走得可快快的_走得快不快快的_

　　　　可走得快快的_走不走得快快的_

　　B 型：走得可快快的蛮_走没走得快快的_

　　　　可走得快快的蛮_走没走得快快的_

名词性词语充任补语：

（50）A 型：笑得可一脸的皱纹_笑得一脸皱纹不一脸的皱纹_②

---

① "可是 VP"的"是"也能省略。

② 这个其实属于"可是 NP"式反复问。该例的 B 型"笑得可一脸的皱纹蛮"也是。

可笑得一脸的皱纹_{笑不笑得一脸的皱纹}

B型：笑得可一脸的皱纹蛮_{笑得一脸皱纹没一脸的皱纹}

可笑得一脸的皱纹蛮_{笑没笑得一脸的皱纹}

3）表程度的述补结构

表程度的述补结构有的不能加"得"，有的必须加"得"。如"黑透了"不能加，而"累得慌"必须加"得"。这类述补结构的反复问，"可"只能加在整个述补结构前，而不能加在述语和补语之间。如：

A型　　　　　　　　　　　　B型

(51) 可湿透湿不湿透　　　　可湿透蛮湿没湿透

(52) 可累得慌累不累得慌　　可累得慌蛮累没累得慌

4）表可能的述补结构

表可能的述补结构，既可以带"得"，又可以不带"得"。先讨论不带"得"的可能补语。

不带"得"的可能补语后面一般有语气助词"啦"（"唠"也可以），如"吃完啦_{能吃完}""跳过去啦_{能跳过去}""看一夜啦_{能看一夜}""吃到明年啦_{能吃到明年}""走到上海啦_{能走到上海}"。其反复问的"可"只能放在整个述补结构前面，且只有A型，没有B型。如：

A型　　　　　　　　　　　　B型

(53) 可吃完啦_{能不能吃完}　　*可吃完蛮

(54) 可跳过去啦_{能不能跳过去}　*可跳过去蛮

(55) 可看一夜啦_{能不能看一夜}　*可看一夜蛮

(56) 吃到明年啦_{能不能吃到明年}　*可吃到明年蛮

(57) 可走到上海啦_{能不能走到上海}　*可走到上海蛮

结果、趋向、动相、数量、时间及处所等述补结构的反复问也是"可"放在整个述补结构前面，如例（33）—例（42），因此就有可能造成歧义。但不带"得"的可能补语的反复问后面一般要带语气词"啦"（"唠"也可以），但不能是"蛮"①，而结果、趋向等述补结构的反复问后面可以带语气词"蛮"，但不能是"啦""唠"。因此有语气词"啦""唠"的必然是可能补语的反复问，如"可写完啦""可做好唠"

---

① 所以不带"得"的可能补语没有B型。

等；有语气词"蛮"的必然是结果、趋向等述补结构的反复问，如"可写完蛮""可爬上去蛮"等。关于这一点，5.1、5.2、5.3 都有讨论，此处不赘。

下面再讨论带"得"的可能补语。

带"得"的表可能的述补结构，"可"既可放在整个述补结构前面，也可以位于补语的前面，且只有 A 型，没有 B 型。如：

	A 型	B 型
(58)	可吃得完能不能吃完	*可吃得完蛮
	吃可完能不能吃完	*吃可完蛮
(59)	可跳得过去能不能跳过去	*可跳得过去蛮
	跳可过去能不能跳过去	*跳可过去蛮
(60)	可吃得到明年能不能吃到明年	*可吃得到明年蛮
	吃可到明年能不能吃到明年	*吃可到明年蛮
(61)	可走得到上海能不能走到上海	*可走得到上海蛮
	走可到上海能不能走到上海	*走可到上海蛮

表可能的述补结构之所以没有 B 型，是因为可能补语是未然情况，跟 B 型的已然情况冲突。

可能补语和状态补语的肯定形式都带"得"，因此有时候就会同形。如：

$$\text{可能/状态}$$
$$\text{肯定形式：}\begin{cases}\text{写得好}\\\text{说得准}\\\text{走得快}\end{cases}$$

这时单从形式上无法区别，但它们的反复问形式是不同的①。如：

	表可能	表状态
(62)	写得好→写可好/可写得好	写得好→写得可好
(63)	说得准→说可准/可说得准	说得准→说得可准
(64)	走得快→走可快/可走得快	走得快→走得可快

---

① 它们否定形式其实也不同。可能补语的否定形式直接将"得"换为"不"，如表可能"写得好"的否定形式为"写不好"，状态补语的否定形式则在"得"与补语之间加"不"，如表状态的"写得好"的否定形式为"写得不好"。

尽管肯定形式的述补结构有很多都有歧义（既表可能又表状态），但也有一些由于语义的制约并没有歧义，它们或只表可能，或只表状态，此时反复问形式也只有一类。如：

肯定式	可能反复问	状态反复问
长得矮	——	长得可矮
搬得走	可搬得走	——

"长得矮"在某些特定语境下也许能说成表可能的反复问"长可矮"，但"搬得走"无论如何也无法说成表状态的反复问"＊搬得可走"。

8.5.1.3 "可是NP"反复问

"可是NP"中的NP为体词性词语，如"可是晴天""可是那座楼""可是他"。"可是NP"的"是"经常会省略，这样"可"就直接跟NP相连，形成"可NP"形式，如"可晴天""可那座楼""可他"。由此可见"可是NP"与"可VP"的形式明显不同。不仅如此，二者"可"的声调在很多时候也不相同。"可"有连读变调现象，其去声前读阳平，非去声前读去声。"是"为去声字，因此"可是NP"的"可"只读阳平，即使省略"是"也是如此。而"可VP"中，只有"可"的后字为去声时才读阳平，而非去声时均读去声，这跟"可是NP"的"可"的声调完全不同。

此外，跟"可VP"相比，"可是NP"虽有A型，但很多情况下却没有B型。如：

A型　　　　　　　　　　　B型

（65）可是他的书是不是他的书　　＊可是他的书蛮

（66）可是这个学校是不是这所学校　＊可是这个学校蛮

（67）可是我是不是我　　　　　　＊可是我蛮

（68）可是那瓶酒是不是那瓶酒　　＊可是那瓶酒蛮

只有当NP含有前后阶段的不同变化时，才会有B型。如：

A型　　　　　　　　　　　B型

（69）可是大学生是不是这所学校　可是大学生蛮是不是大学生了

（70）A型：可是一身的汗是不是一身的汗水

B型：可是一身的汗蛮是不是一身的汗水了

(71) A 型：可是一池子的水是不是满池子的水
　　　B 型：可是一池子的水蛮是不是满池子的水了

比如例（69）B 型中听话人在前几年还是中学生，说话人想知道他现在是否已经成为大学生了，在这种情况下就可以加"蛮"了。

8.5.1.4　反复问形式与特指问等疑问形式的连用

反复问还可以跟特指问、反复问等疑问形式连用。先看反复问跟特指问连用的情况。

1）反复问与特指问的连用

普通话中有小部分反复问里面可以套用特指问，如"你去不去哪儿了""这里还有没有谁愿意去"等。固始方言有很多反复问里面都可以套用特指问。这种形式跟单独的特指问不一样，它既包含反复问中所带的征求、询问或确认的含义，也包含对特指信息的提问。如"可得有谁去"包括两方面的疑问内容：

①有没有人去？（针对"可 VP"）

②谁去？（针对表疑问点的词语）

回答时，若是否定的回答，则只针对①（反复问）；若是肯定的回答，则有既可针对②（特指问）又可针对①（反复问）这两种回答方式。为了更好地说明它，这里举一例子：

(72) 老师（问班长）：可得谁去有没有谁去

否定回答　　　　　肯定回答 1　　　　肯定回答 2

班长：没有。针对①　班长：有。针对①　班长：王涛。针对②

　　　　　　　　　师：谁个谁？

　　　　　　　　　班长：王涛。

上述回答中，班长可以有肯定回答和否定回答两种。否定回答为反复问；肯定回答又可以分为"肯定回答 1"和"肯定回答 2"。"肯定回答 1"为反复问，"肯定回答 2"为特指问。后面加横线的句子，表示在一般情况下，"老师"还会追问"谁个"去，然后班长再回答"王涛"。但不管怎样，"肯定回答 1"是针对反复问的。

如果我们把这个句子放到无限的交际中去，则否定回答和肯定回答的几率应该是一样的，即各占一半。在肯定回答中，"肯定回答 1"又属于反复问，无论它在肯定回答中所占的比例多么小，它总会大于或等于0，因而综合来看：反复问≥特指问。根据优势理解，应该把它看成反复问。

我们曾用这个句子向三所中学的6271名师生做了调查，调查结果也证实了这个观点。调查结果如表8-1所示。

表8-1　　　　　　"可得谁去"调查情况表　　　　　单位：人，%

调查点	总人数	可得谁去					
^	^	否定回答		肯定回答1		肯定回答2	
^	^	使用人数	比例	使用人数	比例	使用人数	比例
固始高中	2417	1198	49.6	402	16.6	817	33.8
郭陆滩一中	1528	621	40.6	419	27.4	488	31.9
南大桥一中	1326	716	54.0	247	18.6	363	27.4

"否定回答"和"肯定回答1"都是反复问，只有"肯定回答2"才是特指问。从上面的调查结果可以看出反复问的比例远远大于特指问的比例。下面也是这样的例子。

述宾：

(73) A型：可得啥有没有什么东西

　　　B型：可得啥蛮有没有什么东西

(74) A型：可去哪去不去哪儿

　　　B型：可去哪蛮去没去哪儿

(75) A型：可知道欠好些钱知不知道欠多少钱

　　　B型：可知道欠好些钱蛮知没知道欠多少钱

连动：

(76) A型：可上哪玩去不去哪儿玩

　　　B型：可上哪玩蛮有没有上哪儿玩

(77) A型：可跟谁讲跟不跟谁讲

　　　B型：可跟谁讲蛮有没有跟谁讲

(78) A型：可比谁高些比不比谁高

　　　B型：可比谁高些蛮有没有比谁高

(79) A型：可把谁吓一跳把不把谁吓一跳

　　　　B型：可把谁吓一跳蛮有没有把谁吓一跳

2）反复问与反复问的连用

反复问还能与反复问连用。如：

（80）A型：你可知道人家可愿意你知不知道人家愿不愿意

　　　　B型：你可知道人家可愿意蛮你知没知道人家愿没愿意

（81）A型：你可知道明个可下雨你知不知道明天下不下雨

　　　　B型：你可知道明个可下雨蛮你知没知道明天下不下雨

（82）A型：你可看家里可得人你看不看家里有没有人

　　　　B型：你可看家里可得人蛮你看没看家里有没有人

反复问与反复问连用的情况基本都是后一反复问为前一反复问宾语的一部分。如例（80）中"可愿意"为"可知道"宾语"人家可愿意"的一部分。这种连用的句子，有些即使次序颠倒也可说得通。如例（80）也可以说"人家可愿意你可知道"（A型），"人家可愿意你可知道蛮"（B型）；例（81）也可以说"明个可下雨你可知道"（A型），"明个可下雨你可知道蛮"（B型）。但有些因语义制约，次序不能颠倒，如例（82）的A型、B型。

8.5.1.5　余论

"可VP"的疑问重心是在紧靠"可"后的那个成分上。假设一个句子的结构为"AB"，当为"A可B"形式时，疑问重心是B，当为"可AB"形式时，疑问重心是A。如例（47）的A型"累得腰可疼"强调"（腰）疼不疼"，而"可累得腰疼"则更强调"累不累"。

"可VP"（包括"可是NP"，下同）还能形成反诘问句。普通话的有些反诘问就是由反复问构成的，如"他们这一手你说绝不绝""他们半个小时就能跑去，你说快不快"等。固始方言的"可VP"也能形成反诘问，且使用广泛，较有特点。它可以表示说话人不同意、埋怨甚至斥责对方的想法或说法，此时"可"必须重读，句末一般还要加上疑问语气词"呢、很"等。如：

（83）可是我呢怎么谁是我（暗含"不是我"）

（84）我可没交作业呢谁说我没交作业（暗含"我已交了作业"）

（85）你可没说话呢谁说你没有说话（暗含"你说话了"）

（86）可上不去很怎么能上不去（暗含"能够上去"）

另外"可VP"还可表非疑问，如：

（87）随你可信信不信由你。

（88）可知道这事不要紧知不知道这件事不要紧。

上述的"可VP"均不能构成反复问。它与构成反复问的"可VP"形式相同，但功能不同。

对于固始方言"可VP"形成的原因，李孝娴（2006）曾有过解释。她认为固始方言"可VP"问句的形成是由于受到周边有"可VP"方言的影响，如合肥、霍丘、金寨、阜南、淮滨等地，特别是安徽合肥市的影响。固始县地处河南与安徽的接壤处，离郑州很远，却离合肥很近，因此说是受合肥等方言的影响似乎也说得过去。不过我们更倾向于认为"可VP"为固始方言土生土长的，并不是合肥等方言影响的结果。因为据我们观察，固始以前跟合肥、六安一样也属江淮官话，只是因郑州、开封、周口、漯河等中原官话的影响才演变为中原官话。主要理由有三。其一，隋朝以前，固始多跟六安同属一个行政区。其二，固始方言"［ən əŋ］不分，［in iŋ］不分；［n l］不分；蟹止摄合口端精组字没有［u］介音；不分尖团"，这跟合肥、六安等方言完全一致，而跟郑州、开封等中原官话明显不同。其三，固始方言的清次浊入声字一半归阴平，另一半归阳平，跟典型的中原官话也不相同。此外固始方言还有"连V是V"格式，也跟合肥、六安一样。这些情况基本表明固始方言以前不属中原官话，而跟合肥、六安一样属江淮官话，因此"可VP"自然是固始方言本身就具有的，而非合肥等方言影响的结果。

朱德熙认为"VP不VP"与"可VP"互相排斥，不在同一种方言里共存，这个论断在固始方言里是能站得住脚的。固始方言里虽然也有"VP不VP""VP没VP"，但用得很少，且大多见于中青年人和知识分子的口中，老年人基本不用。并且当VP的结构过长，人们更倾向于用"可VP"形式。如：

（89）你可知道他家几个人你知不知道他家有几口人

（90）你可相信他说的那些话蛮你有没有相信他说的那些话

上面这样的句子，人们一般是不用"VP不VP""VP没VP"来表达。因而可以认为"可VP"是固始方言土生土长的，而"VP不VP""VP没VP"则是近来受普通话的影响才逐渐产生的。

8.5.2 是非问

是非问是要求对方对一件事情作肯定或否定的答复,可从三个方面描述。

1)句子结构和陈述句相同,但语调不同。

一般说来,我们只要把陈述句的语调换成疑问句的语调,就能变为是非问,请比较 A、B 两种句子:

(1) A:你今天去。　　B:你今天去?
(2) A:他到学校上课。　B:他到学校上课?
(3) A:他是学生。　　B:他是学生?

A 类句子语气平缓,是叙述事实,为陈述句;B 类句子则用上扬的语调,表示问话者的一种疑问,要听话者用肯定或否定的方式进行回答,为是非问。通常情况下,此类句子没有重音,问话和答语是就整个句子而言的,它的疑问信息是用语调来负载的。

2)陈述句末尾加上语气词。

这类是非问句子的语调一般不需要上扬,跟陈述句一样,只是在特别强调的时候语调才上扬。其末尾要加某些疑问语气词,常见的有"喽、唠、蛮、啦"等。如:

(4) 他们可能都来了喽?
(5) 你们都吃了唠?
(6) 他上班走蛮?
(7) 他不吃啦?

如果将这些例句的语气词去掉,并用叙述性的语调表达出来,则它们便成了陈述句(有些句子则会变为祈使句)。但由于句子中加了这些疑问语气词,使得听话者要用肯定或否定形式进行回答,从而成为是非问。

3)"可是 VP"形式的是非问。

侯超(2015)将"可是 VP"归入是非问,"可 VP"归入正反问,主要原因是"可是 VP"为偏问句,主要侧重求证,而"可 VP"则是信疑相当的中性问。试比较:

(8) 你可是去学校?——你可去学校?

"你可是去学校"的信大于疑,问话人的心里其实已经猜测到听话人可能要去学校,因此其目的主要在于求证。"你可去学校"则是信疑相当,问话人对听话人是否去学校其实并不清楚,因此其目的主要在于寻求答案。从这点上看,"可是VP"确实跟"可VP"明显不同,应该归入是非问。

此外"可是VP"还有一点跟"可VP"明显不同。"可是VP"只询问未然情况,不询问已然情况,因此其句末不能加语气词"蛮"。而"可VP"既可询问未然情况,又可询问已然情况,但询问已然情况时后面要加语气词"蛮"。

即便如此,"可是VP"与"可VP"仍有许多相同之处。主要表现在:其一,"可是VP"与"可VP"在对VP的选择上基本一致,即VP既可以是非述补结构,也可以是述补结构;其二,疑问副词"可是"与"可"句法位置也基本一致。为此下面举一些"可是VP"的例子。如:

(9) 可是玩是不是玩?
(10) 可是麻烦是不是麻烦?
(11) 可是去过是不是去过?
(12) 可是说说是不是说说?
(13) 可是慢慢走是不是慢慢走?
(14) 可是马上回来是不是马上回来?
(15) 可是去赶集是不是去赶集?
(16) 可是有人说话是不是有人说话?
(17) 可是被他打一顿是不是被他打一顿?
(18) 可是吃饭是不是吃饭?
(19) 可是装满是不是装满?
(20) 可是挖着黄鳝是不是挖到黄鳝?
(21) 可是走一趟是不是走一趟?
(22) 可是生在98年是不是出生在98年?
(23) 走得可是快走得是不是快?
(24) 可是累得腰疼是不是累得腰疼?
(25) 累得可是直淌汗累得是不是直淌汗?

第 8 章 几种特色句

上述这些例子其实均是 8.5.1 中"可 VP"A 型的例子,唯一的区别就是把"可"换成了"可是"。由此看出"可是 VP"与"可 VP"对 VP 的限制以及"可是"与"可"的句法位置均基本一致,也表明"可是 VP"与"可 VP"A 型的关系十分密切[①]。

另外,"可是 VP"是非问还能与特指问连用。如:

(26) 可是去哪是不是去哪儿?
(27) 可是知道欠好些钱是不是知道欠多少钱?
(28) 可是上哪玩是不是去哪儿玩?
(29) 可是跟谁讲是不是去跟谁讲?
(30) 可是比谁高些是不是去比谁高?
(31) 可把谁吓一跳是不是去把谁吓一跳?

"可是 VP"也能形成反诘问句。如:

(32) 我可是没交作业呢谁说我没交作业?(暗含"我已交了作业")
(33) 你可是没说话呢谁说你没有说话?(暗含"你说话了")
(34) 可是上不去很怎么能上不去?(暗含"能够上去")

上述这些例子也是 8.5.1 中"可 VP"A 型的例子,唯一的区别也是把"可"换成了"可是"。由此更能看出"可是 VP"与"可 VP"关系的密切性。

"可是 VP"的"是"经常会省略,形成"可 VP"形式,这时就很容易跟反复问的"可 VP"相混。不过它们在很多情况下都能区分开。主要区分方法有三个。

1)"可"有连读变调现象,其去声前读阳平,非去声前读去声。"是"为去声字,因此"可是 VP"中的"可"只读阳平,即使"是"省略也是如此。"可 VP"中的"可",当其后字为非去声时读去声,只有后字为去声时才读阳平。因此当"可"后字为非去声时却读阳平的肯定是"可是 VP",读去声的则肯定是"可 VP"。如"可$_{阳平}$吃饭?""可$_{阳平}$来学校?""可$_{阳平}$写字?"为"可是 VP","可$_{去声}$吃饭""可$_{去声}$来学校""可$_{去声}$写字"为"可 VP"。只有当"可"的后字为去声字时才

---

① 有些句子不能用"可",却能用"可是",如例(17)、例(20)、例(22),这主要是语义制约的原因。

会相混，如"可坐到上海1. 是不是坐到上海？2. 坐不坐到上海？"这时就要根据语境进行区分了。

2）"可是VP"不能询问已然情况，后面不能加语气词"蛮"。因此凡带语气词"蛮"的肯定是"可VP"。如：

（35）他可写字蛮_{你写没写字}？

（36）你可做饭蛮_{你做没做饭}？

3）"可是VP"为偏向问，"可VP"为中性问，因此当句中带有语义偏向的否定词时为"可是VP"。如：

（37）你可不来看电影哟_{你是不是不来看电影}？

（38）他可没去你家_{他是不是没去你家}？

8.5.3 特指问

特指问是指说话者希望听话者就特定疑问点进行回答的一种疑问句。可从两方面描写。

1）句中有疑问代词，需要听话者对疑问代词进行回答。

句中有疑问代词的，这些疑问代词也就是这个句子的疑问点，要求就此进行回答。这类句子的末尾可以带上语气词，但也可以不带。带上语气词，句子并不增加疑问信息量，只是语气和缓些。不带语气词，句子也没有减少疑问信息量，且有时还显得干脆些。固始方言除了和普通话相同的那些疑问代词外，还有"咋_{怎么}、哪嗨⁼_{哪儿}、多咱_{什么时候}、啥_{什么}、啥子_{什么}"等。如：

（1）你咋去的来_{语气词}？

（2）你到哪嗨⁼打工？

（3）俺们多咱去？

（4）他书包里装的是啥家什？

（5）你带的是啥子？

（6）你为啥子不来？

固始方言还有"好""好些"这两个疑问代词，用在特指问句中，询问数量和程度，与普通话的"多"相当。如：

（7）你有好长时间没去啦？

（8）你还得_{需要}好长远_{多久}？

（9）现在外头_{外面}还有好些人？

（10）你手里现在还有好些子？

2）句中虽然没有疑问代词，但句末带有疑问语气词。

这类句子由于使用了疑问语气词，规定了回答的内容，因此也属于特指问。这样的语气词有"呢""喳"两个。

①呢

"呢"字疑问句可以根据不同的语境，进而含有不同语义。如"（俺几个都去学校）你呢？"就含有以下三个语义：

A. 你去哪里？

B. 你去还是不去？

C. 你去不去学校？

语义 A 表特指问，语义 B 表选择问，语义 C 反复问。

"呢"字疑问句在表特指问时，主要含有"在哪儿、什么时候、做什么、怎么办"等语义。如：

（11）你的书在桌子上，我的呢？（我的书在哪里）

（12）他昨个就交啦，你呢？（你什么时候交）

（13）我到这交学费，你呢？（你到这做什么）

（14）你到上海，他到广州，那我呢？（我该怎么办）

②喳

疑问句句末的"喳"大致可以对译为普通话的"干吗/为什么"。如：

（15）你昨个上学校喳_{你昨天到学校干什么}？

（16）你刚才跑喳_{你刚才为什么跑}？

（17）他那天子赶集喳_{他那天为什么赶集}？

上述句中虽然没有疑问代词，但由于用上了疑问语气词"呢、喳"，它们也同使用了疑问代词的句子一样，规定了回答的内容，所以此类句子也应看作特指问。

8.5.4 选择问

选择问一般是指用复句的结构提出不止一种看法来供对方进行选择的一种疑问句。固始方言的选择问一般是用"还是"来连接选择项，句末可以加上"很、耶、来"等语气词。如：

(1) 你吃干饭，还是吃稀饭？
(2) 他到上海，还是不到上海很？
(3) 你今个去还是不去来？
(4) 你打篮球，还是打乒乓球？

8.6 先行句

本书的先行句是指表达"暂且先 VP，然后再做别的事情"的句子。这种句子在有些方言里是用实词表示，如北京话的"我先吃完饭，然后再过去"的副词"先""再"等。有些方言则主要用具有先行语义的标记词来表示，如"着""倒""正""起""先""将""添"等（曹志耘 2008）。本书的先行句主要指后一类。

固始方言的先行义标记为"再"，此外固始县北边的往流镇则为双音节"再哩"。"再""再哩"位于 VP 后，形成"VP 再/再哩"格式表先行义，如"等我吃完再/再哩_{等我吃完再说}"。本书尝试对先行义标记"再""再哩"的用法、来源及相关问题作一讨论。先讨论"VP 再"。

8.6.1 "VP 再"的用法

先行义标记"再"既可读［·tsɛ］，又可读［·tsʻɛ］，附在 VP 后面表达先行义。"VP 再"的用法特点主要有三个。

1）"VP 再"的出现需要一定的语境。它常出现于对话中，且多位于对话的下句中，很少出现在对话上句中。如：

(1) 你明个到武汉去进点货。——栽得秧再能栽秧以后再去进货。
(2) 俺们先吃饭。——不急，等他来啦再。
(3) 我要上集买东西！——等雨停啦再。
(4) 我要看电视。——吃啦饭再。

2）"VP 再"多用于祈使句中，主要表达说话者的某种"希望""要求"或"警告"。如：

(5) 我得_{应该}赶集啦。——看看再很_{语气词}！
(6) 明年俺们买张车！——房子盖好再呢！

（7）我想要个自行车。——得了奖状再！

（8）小东西你还横！等我吃完再！

"VP 再"偶尔也能用于陈述句、疑问句中。如：

（9）你啥时候上北京去？——我车票买了再。

（10）我想现在就去。——你不等车来了再？

这些句子表面上为陈述句，其实仍有很明显的祈使意味。

3）先行义标记"再"对 VP 有一定的限制：动词的后面一般要有补语，或是重叠动词以及动补型动词，或后面加表完成或结果义助词"了""啦""倒""着""得"等；动词前往往还会有动词"等"。如：

（11）这孩子越来越不像话了——别理他，我有了空再。

（12）时候不早啦，都赶快斗吧_{时间不早了，都赶紧做吧}！——急啥子，歇歇再_{急什么，歇一歇再说}！

（13）都别慌吃_{都别急着吃}，等他来啦再。

（14）你先别吭声，等他说完再。

"VP 再"有时也可以位于时间名词后。但时间名词必须是晚于说话时的时间词，而不能是早于说话时的时间词，常见的有"明个_{明天}、后个_{后天}"等。如：

（15）俺们今个_{今天}进县_{去县城}呢？——明个再_{明天再去}！

下文为称说方便，这一类的时间词也用 VP 来指代。

8.6.2 "再"的来源

汉语方言的先行义标记虽比较复杂多样，但来源主要有两个。一种是由带持续语义的句尾助词演化而来的。如"着"：

（16）江西南昌县话：人啊渴得死，吃口水着_{人都渴死了，先喝口水再说}。（谢留文，1998）

（17）湖北武汉话：想吃话梅可以，你吃饭着。（萧国政，2000）

（18）陕西大荔坊话：咱现在就把它弄完吧。——等吃毕饭着。（邢向东，2004）

据邢向东（2004）研究，这类先行标记"着"是由带持续意义的、含命令和劝勉等语气的"着"语法化而来的，其虚化的语法结构为"等/待/先/且 VP 了＋着"。

另一种则来源于副词，如南方方言的"先"：

（19）浙江乐清话：俺们先吃饭！——勤急，等其来先！

（20）浙江临海话：一起出去走走。——等我忙完了先。

（21）广东广州话：坐下先坐一会再说！（林华勇、李雅伦，2014）

这类先行义标记"先"原本为句末副词，表顺序的"先后"，后来因为句法环境的影响才演变出"暂且、再说"的语义，成为一个先行义标记。即先行义标记"先"是从句末副词演变来的（叶祖贵，2019）。

据我们观察，固始方言的先行义标记"再"跟"先"一样，也来源于副词。不过"先"来源于句末副词，而"再"则来源于句中的副词"再［tsɛ˧］"。下面试对此进行讨论。

固始方言的句中副词"再"有5种用法。

①表动作或状态的重复或继续，如"你再等他也不会来"。

②与否定词合用，如"我再也不信他啦"。

③用于形容词或心理动词前，表程度，相当于"最"，如"他再爱吃梨啦"。

④表示如果继续下去就会怎样，如"你再说我就不理你啦"。

⑤用于"V₁P 再 V₂P"结构中，表"先 V₁P 然后再 V₂P"。可分为两类情形：a. 只具有"VP 再"的第Ⅲ个特点，但不具有第Ⅰ个和第Ⅱ个特点。因此这类"再"的出现不需要语境，同时还可以经常出现在非祈使句中，如"我打算天黑了再走"。b. 具有"VP 再"的全部特点，同"VP 再"用法完全一样。其中第④、第⑤种用法中的"再"还有［tsʻɛ˧］这一送气读音，其中"［tsɛ˧］"多见于中青年人，［tsʻɛ˧］多见于老年人。

根据句中副词"再"用法，不难看出先行义标记词"再"是句中副词"再"的第⑤种用法中 b 类"再"的语法化结果，而其语法化的原因是由于 V₂P 的省略。也即"VP 再"的后面原本还有一个 V₂P，其初始的句法结构为"V₁P + 再 + V₂P"。如例（1）—例（4）都可以说成例（1a）—例（4a）：

（1a）你明个到武汉去进点货。——栽得秧再到武汉去进点货。

（2a）俺们先吃饭。——不急，等他来啦再吃饭。

（3a）我要上集买东西。——等雨停啦再上集买东西。

(4a) 我要看电视。——吃啦饭再看电视。

例（1a）—例（4a）的这个 V_2P 在上文中其实已经出现过了。也即，由于语境影响，V_2P 只是一个旧信息。

例（1）—例（4）的"再"的结构为"VP+再"，"再"位于句末。例（1a）—例（4a）的"再"的结构为"V_1P+再+V_2P"，"再"位于句中。仔细比较这两种结构的"再"，可以发现有两点明显不同。

①例（1）—例（4）的"再"为先行义标记词，而例（1a）—例（4a）的"再"为句中副词。

②例（1）—例（4）的"暂且先VP，然后再做别的事情"这一语义主要由句尾的"再"承担的，"再"不能省略。例（1a）—例（4a）的"先V_1P然后再V_2P"的语义则是由整个句法结构承担的，跟句中副词"再"的关系不大。即使句中副词"再"省略，其基本语义也不变。如例（1a）—例（4a）都可以直接省略句中副词"再"而说成例（1c）—例（4c）：

（1c）你明个到武汉去进点货。——栽得秧（再）到武汉去进点货。

（2c）俺们先吃饭。——不急，等他来啦（再）吃饭。

（3c）我要上集买东西！——等雨停啦（再）上集买东西。

（4c）我要看电视。——吃啦饭（再）看电视。

由于 V_2P 为已知信息，是个羡余成分，因此在实际交流中，大都会省去不说。V_2P 一旦省略，就形成了例（1）—例（4）的"VP+再"结构。也即"VP+再"结构是由"V_1P+再+V_2P"结构省略 V_2P 而形成的。

V_2P 没省略前，"先V_1P然后再V_2P"的语义是由"V_1P+再+V_2P"这一整个句法结构承担的，跟句中副词"再"的关系不大，"再"一般也可以省略。但 V_2P 省略后，句中副词"再"就发生了巨大变化：一方面，句中副词"再"的句法位置由句中转为句末；另一方面，"先V_1P然后再V_2P"这一语义主要由"再"承担，"再"不能省略。"再"的这一句法位置及意义的改变，最终促使其由句中副词演变为一个先行义标记词。演变路径大致如下：

$$VP + 再_1 + V_2P \xrightarrow{\text{因语境影响省略} V_2P} VP + 再_2$$

上图的"再₁"为句中副词,"再₂"为句末先行标记词。

先行义标记"再"和副词"再"的读音也能提供一点证明。先行义标记"再"有"[·tsɛ]""[·tsʻɛ]"两种读音,句中副词"再"的第⑤种用法中 b 类"再"则有"[tsɛ⁼]""[tsʻɛ⁼]"两种读音。先行义标记"再"的这种轻声读音完全是句中副词"再"语法化的结果。而且当特意强调重读时,先行义标记"再"有时也可读为去声,这时就与句中副词"再"完全同音。这无疑表明先行义标记词"再"其实就是句中副词"再"的第⑤种用法中 b 类"再"的语法化结果。

"V₁P + 再 + V₂P"结构的句中副词"再"之所以能虚化为先行义标记,主要是由于语境的影响,导致了 V₂P 省略。如果 V₂P 不能省略,句中副词便不可语法化为先行义标记。如固始方言副词"再"的第⑤种用法中 a 的"V₁P + 再 + V₂P"就是如此。如:

(22) 我每天做完啦活再回去吃饭。
(23) 他把书看完啦再还给图书馆。
(24) 他高中毕业啦再出门打工。

上述三例的"V₁P + 再 + V₂P"结构多出现于陈述句,并不需要一定的语境,因此 V₂P 不能省略。由于 V₂P 不能省略,所以这种情况下的句中副词"再"就不可语法化为先行义标记词。

8.6.3 "再哩"的用法及来源

"再哩"主要见于固始县往流镇。"再哩"的用法跟先行义标记词"再"的用法完全一样,即都需要一定的语境,都多用于祈使句中,都对 VP 有一定的限制。如:

(25) 我要上集上街买个东西!——等雨停啦再哩。
(26) 我去喊他来。——饭做好了再哩等饭做好了再喊他!
(27) 你先别吭声,等他说完再哩!

关于"再哩"的来源,我们觉得是先行义标记词"再"和句末语气词"哩"的词汇化结果。也就是说往流镇方言的先行义标记词原本为"再",也是来自"V₁P + 再 + V₂P"结构。不过特殊的是,往流镇方言的这种"V₁P + 再 + V₂P"结构后面经常会出现语气词"哩"。如例(25)—例(27)都可以说成例(25a)—例(27a):

(25a) 我要上集上街买个东西！——等雨停啦再上集哩！

(26a) 我去喊他来。——饭做好啦再喊他来哩！

(27a) 你先别吭声，等他说完再吭声哩！

例（25a）—例（27a）都为"$V_1P+再+V_2P+哩$"结构。这种结构中，"再"为句中副词，"哩"为句末语气词，中间隔了一个 V_2P，二者并不相连。"哩"也可省略，基本语义不变，但不省更为常见，且更能表现出说话者那种要求、警告的语气。因此不难看出往流镇方言的先行义标记词"再哩"的最初始结构当为"$V_1P+再+V_2P+哩$"。后来由于语境的影响，V_2P 在日常交际中常常省略不说，这样就使得"再"跟句末语气词"哩"紧挨在一起，形成"再哩"形式。"再哩"刚一出现时应该是两个词，"再"表先行语义，"哩"只是一个语气词。但由于"再哩"长时间结合在一起，久而久之，便发生词汇化，逐渐演变成一个双音节的先行义标记词。即演变过程大致如下：

$$V_1P+再+V_2P+哩 \xrightarrow{因语境省略V_2P} VP+再+哩 \xrightarrow{"再"和"哩"发生词汇化} VP+再哩①$$

8.6.4 "再""再哩"的词性

在讨论"再""再哩"的词性之前，我们先看看学界对先行义标记词"着"的词性的看法。关于"着"，主要有以下四种看法。一种认为是体标记，如伍云姬（1994）；一种认为是先时助词，如杨永龙（2002）；一种认为是类似于事态助词的、具有连接作用的助词，如汪化云等（2019）；一种认为是语气词，如丁加勇（2003）、邢向东（2020：632），其中丁加勇认为是表未然的事态助词，邢向东认为是表先行语义的祈使语气词。

"再""再哩"的用法特点跟"着"基本一致，因此上述关于"着"的词性讨论对我们认识"再""再哩"具有极大的帮助。我们觉得"再""再哩"肯定不是体标记。首先体标记多出现于动词后，较少出现于句末，而"再""再哩"只出现于句末；其次一个事件中只能有

---

① 叶祖贵（2018）曾对息县方言的先行义标记词"再哩"的具体用法及演变作了探讨，其讨论结果完全适用于固始往流。

一个体标记,而"再""再哩"可以跟"啦""过"等体标记同现,如"我吃啦饭再""等我看过这本书再哩"。而至于"再""再哩"是否为先时助词、语气助词等,我们觉得都有可能。因为"再""再哩"具有"先行"语义是毫无疑问的,因此看作先时助词有一定道理。另外,"再""再哩"只能位于句末,且典型句类为祈使句,这不可避免带有较强的语气。不过固始方言的"再""再哩"的"再"在强调时还可以读去声[tsɛ˧]，即声调还未彻底虚化,这一点跟先行义标记词"着"明显不同,因此还不能算作真正的语气词。鉴于此,我们觉得可将"再""再哩"看作类似于时体语气词①,且带有"先行"语义的助词。

---

① 时体语气词的具体含义可见 10.2。

第 9 章　复句

　　复句是包含两个或两个以上分句的句子。其表达方式有二：一是使用标记性的词语，二是为无标记形式，即意合法。有标记复句的标记形式可以分为四类：一是分句中加连词，二是分句末尾使用助词或语气词，三是分句中使用副词、动词等实词，四是超词形式，即短语或跨语法单位的组合（如普通话的"不但不""如果说""若不是"等）。这四类标记有时互相搭配使用，彼此并非完全独立。特别是语气词，经常和连词、副词、动词前后呼应，加强不同关系和语气的表达（黑维强，2016）。固始方言的复句类型跟北京话基本一致，但在标记形式上却存在较大差异。比如北京话的连词很丰富，而固始方言的连词相对较少，不过固始方言会较多地通过副词、语气词和动词等来弥补其不足。

　　关于复句的类型划分，目前主要有二分和三分两种方法。二分法是把复句分为联合复句和偏正复句，三分法是把复句分为因果类、并列类和转折类（邢福义，2001：49—52）。相对来说，三分法更为全面彻底，因此本书采取邢福义的三分法，试对固始方言的有标记形式的复句系统作一个简单描写。

9.1　因果类复句

　　因果类复句的两个分句之间存在原因和结果的关系。按照具体的因果类型，可以再分为因果句、推断句、假设句、条件句和目的句五个小类。

9.1.1　因果句

　　这是因果类复句的典型。普通话主要用"因为……所以……""由于……因此……"等格式表示，固始方言主要用"因为……所以……""由于……所以……"等格式。如：

（1）最近因为天干，所以河里也没得水。

（2）由于领导没来，所以这个会也没开成。

有时也会省略其中一个关联词，只用另一个关联词表达因果关系。如例（1）、例（2）也可以说成：

（3）最近天干，所以河里也没得水。

（4）最近因为天干，河里也没得水。

（5）领导没来，所以这个会也没开成。

（6）由于领导没来，这个会也没开成。

有时则在后一分句里加上"主要是"，用以表达前果后因。如：

（7）我昨个来迟啦，主要是家里来人啦。

（8）他没喊你，主要是你太累啦。

（9）他没跟你打招呼，主要是生气啦。

9.1.2 推断句

推断句表示既成事实和主观推断的关系，其中既成事实是理由，主观推断是结果。普通话主要用"既然……就……"格式表示，固始方言也有这种格式，只是后一分句的"就"也可以不用。如：

（10）既然你跟这样说啦，这事就算啦。

（11）既然领导不同意，那你别找他啦。

除此之外，固始方言还有三种方法表达推断句。第一种，上句用"连……都……"格式强调既成事实，下句则是在此事实上的一种推断结果。如：

（12）这道题连你都不会，其他人更别说啦。

（13）连你都不喜欢他，说明他太没人缘啦。

（14）连你都不去，其他人咋会去呢？

介词"连"经常会省略，只留"都"强调既定事实。如上述例句可以说成：

（15）这道题你都不会，其他人更别说啦。

（16）你都不喜欢他，说明他太没人缘啦。

（17）你都不去，其他人咋会去呢？

第二种用"既然……也"表达推断关系。如：

（18）既然你不去，那我去啦也没用。

（19）既然他不买，那我也不买啦。

（20）既然你不想叫他来，那我也不喊他啦。

（21）既然天□［tsen⁼］么这么冷，你也别去啦。

第三种，上句使用时间副词"都_{已经}""还"，或关联副词"又""也"表达既成事实，下句则用反问的语气配合，共同表达推断关系。其中"又""也"主要用于否定句中。如：

（22）饭都凉透啦，他咋吃呀？

（23）我刚才还瞧着他啦，正咱咋可能在上海呢？

（24）你又不来，我跟你说有啥用呢？

（25）他也没跟我说，我咋可能知道呢？

副词"又""也"也可省去。如例（24）、例（25）也可以说成：

（26）你不来，我跟你说有啥用呢？

（27）他没跟我说，我咋可能知道呢？

9.1.3 假设句

普通话主要用"如果……就/那么……""若是……就/那么……""即使……就……"等格式或者"的话、那么、便、就"等词语表示。固始方言则主要有三种方式表达假设关系。第一种是使用"要（是）……（就）……"格式表达。如：

（28）这事要是我来弄，□［ɕiɛ］得_{肯定}弄好啦。

（29）要叫他盖，早就盖好啦

（30）要是她不答应，这事就完完蛋啦。

（31）他要来啦，那就热闹_{麻烦}啦。

第二种是在前一分句的末尾加语气词"的话"表假设。如：

（32）他不来的话，这事就弄不好。

（33）你来的话，这事说不定还能办成。

（34）天要下雨的话，俺们明个就不去啦。

第三种则是在前一分句前加动词"等"表假设。如：

(35) 等他来帮你，日头打西头出。

(36) 等我上你那去，做梦！

(37) 真等你来找我，黄瓜菜都凉啦。

(38) 等孩子考上大学啦，你可以找个事做。

"要（是）""的话""等"还会经常互相配合，表达假设关系。如：

(39) 要是他能来的话，那就太谢谢你啦。

(40) 要等他借钱给你，那真的比登天还难。

(41) 等他来帮你的话，你活早做完啦。

9.1.4　条件句

普通话里，用"只要……就"表达充足条件，用"只有……才"表达必要条件，用"不管……都/也"表达无条件。这三种格式在固始方言都有。如：

(42) 只要你来，啥话都好说。

(43) 只要你不说，就没人知道这个事。

(44) 你只要谈借钱，他就装哑巴。

(45) 只有找校长，这事才有希望。

(46) 只有放假啦，你才能瞧着他。

(47) 不管他说啥子，他爹妈都同意_{无论他说什么，他父母都同意}。

(48) 不管你同意不同意，我都去。

(49) 不管校长咋说，你也别答应。

除此之外，固始方言还用"再……也"表达无条件。如：

(50) 你官再大，也得讲理啊_{你官无论多大，也要讲道理呀}！

(51) 你再厉害，一个月也挣不到两万块。

(52) 你再不讲理，这事也不能跟这斗啊！

(53) 你再有钱，俺也不眼欠羡慕。

另外，固始方言还用"一到"表条件关系。如：

(54) 一到热天，塘里到处都是小孩子。

(55) 一到冬天，那屋里冷得就不能蹲人_{一旦到了冬天，房间里就冷得没法住人}。

(56) 一到下雨，这路就不能走人。

(57) 一到发大水，这沟里全是鱼。

9.1.5 目的句

普通话中，前一分句加"为了"，或后一分句带"以便、以求、免得、省得、以防"等词语，分别表示目的在前和目的在后的目的句。固始方言的目的句，若目的在前，则跟普通话一样也是前一分句用"为（了）"。如：

(58) 为（了）给孩子看病，他把房子都卖啦。

(59) 为（了）读书，他见天_{每天天}不亮就起来啦。

(60) 为（了）一口吃的，她年年都在外打工_{为了生活，她每年都在外面打工}。

若目的在后，则后一分句主要使用"为（了）""目的""主要""就是"等词语，强调上一分句的目的。如：

(61) 他今个上街买啦很多菜，只是为（了）给孩子过生_{过生日}。

(62) 我打电话给你，目的就是让你别来。

(63) 他在外租个房子，目的是照顾孩子上学。

(64) 他一大早起来，主要是送孩子打工。

(65) 你妈叫你回家，主要是找你做活。

(66) 他来找你，就是借钱。

(67) 我没喊你，就是不想叫你知道。

9.2 并列类复句

并列类复句可以分为并列句、连贯句、递进句、选择句四种。先讨论并列句。

9.2.1 并列句

普通话主要用"既……又……""又……又……""一会……一会……""是……也是……"等格式或"也、又、还"等词语表示。固始方言也有这些格式及词语。如：

（1）他正咱既当爹，又当妈。

（2）他将才又是哭，又是闹。

（3）小张一会哭，一会笑。

（4）他是学生，也是老师。

（5）他没说啥子，我也没说。

（6）他今个去啦学校，又去啦医院。

（7）他买啦二斤肉，还买啦几斤鱼。

除此之外，固始方言还经常使用"V_1仔细⁼……V_2仔细⁼"表达并列关系。如：

（8）他走仔细⁼，看仔细⁼ 他一边走，一边看。

（9）小李说仔细⁼，哭仔细⁼ 小李一边说，一边哭。

（10）他蹦仔细⁼，跳仔细⁼。

（11）他做仔细⁼，玩仔细⁼。

9.2.2 连贯句

普通话主要用"先……再/又……""刚……就……"等格式或下句用"又、再、就、后来、接着"等词语表示。固始方言也有这些格式及相关词语。如：

（12）他先把车子停倒，再把东西搬进去。

（13）他先去县里开个会，又回学校上了两节课。

（14）他刚躺倒就睡着啦。

（15）他吃啦两口稀饭，又吃啦个馍。

（16）你把窗户子窗子开开打开，再把灯拉灭。

（17）他来了没两天就回去啦。

（18）老张买啦两个就不买啦。

（19）他去啦北京，后来又去啦深圳。

（20）他把猪卖啦以后，接仔把粮食也卖啦。

此外，固始方言还用"（这）才"紧接上句，表示带有因果关系的连贯关系。如：

（21）你将才给他打啦电话，他这才同意过去看看。

（22）老师讲了一遍，学生这才听懂。

(23) 他听说领导同意啦,这才把公章给盖上。

(24) 他把24小时核酸结果拿出来,超市才让他进去。

9.2.3 递进句

普通话主要用"不但/不仅……还/甚至……""不光……也/都/还……""别说……也……"等格式表示递进关系。固始方言也有这些格式。如:

(25) 他不但不来,还叫其他人也别来。

(26) 他不仅认识我,甚至我的小名子_{乳名}都知道。

(27) 不光是他,连校长都不粘_{办不成}。

(28) 不光我怕他,全乡的人都怕他。

(29) 他这次不光买了一张辆车,还买了一套房子。

(30) 不光你不懂,他也不懂啊。

(31) 别说你啦,县长来啦也斗_做不成。

(32) 别说你给一百块,就是一千块也买不着。

(33) 别说你不是老师,就是老师也进不来。

(34) 别说没下雨,下雨啦也得来。

上述这些格式均表由低到高、由弱到强的顺势递进关系。

"别说……也……"中的"别说"也可位于下一分句,表由高到低、由强到弱的反逼性递进关系。如例(31)—例(34)也可以说成:

(35) 县长来啦也斗不成,别说你啦。

(36) 就是一千块也买不着,别说你给一百块。

(37) 就是老师也进不来,别说你不是老师。

(38) 下雨啦也得来,别说没下雨。

此外固始方言还有另外两种常见的递进格式。第一种为"不止……也/还/而是"。如:

(39) 这次不止上海,北京影响也很大_{这次不光是上海受到很大影响,北京受到的影响也很大}。

(40) 不止老张生气,老李也气得不行。

(41) 不止学生不同意,老师也不愿意。

(42) 这次他不止是及格啦,还考了第一。

（43）老张不止是乐意，而是非常乐意。

第二种为"本来……还……"这种格式。如：

（44）我本来就不会，他还叫我去斗做。

（45）这事本来够难的啦，你还在中间捣乱。

（46）我本来够忙得啦，你还来找我麻烦。

下句有时不用"还"，而用反问语气配合上句表达递进关系。如：

（47）他本来就不想来，你叫他来弄啥子？

（48）他本来心情就不好，你惹他不是自找苦吃嚜？

9.2.4 选择句

普通话表选择关系的格式很多。相比普通话，固始方言表选择关系的固定格式较少，主要有"是……还是……""要么……要么……""要不……要不……""或者……或者……"这四种，其中"是……还是……"主要用于疑问句。如：

（49）你晌午是吃干饭，还是吃面条子？

（50）你是去操场，还是去食堂？

（51）他正咱要么找老张，要么找老李。

（52）你要不搁在我这住，要不搁在他那住。

（53）你给他或者买点肉，或者买点酒，都可以。

上述四种格式的前一分句的"是""要么""要不""或者"等也可省略，只保留后一分句的连词。如上述五例也可以说成：

（54）你晌午吃干饭，还是吃面条子？

（55）你去操场，还是去食堂？

（56）他正咱找老张，要么找老李。

（57）你搁在我这住，要不搁在他那住。

（58）你给他买点肉，或者买点酒，都可以。

9.3 转折类复句

转折类复句的前后分句之间存在逆转关系，里面还可以分为转折句、让步句和假转句三个小类。先讨论转折句。

9.3.1 转折句

普通话主要用"虽然/虽是/虽说/尽管/固然……但是/可是/但/也/而"等格式或"但（是）""然而""可是""却""只是""不过"等词语表示转折关系。上述这些格式及词语中，固始方言只有"虽说……但"格式及"但""却""只是""不过"等词语。如：

(1) 虽说没得_{没有}日头_{太阳}，但不冷。
(2) 他虽说没帮你，但也没□□［$_{⊂}$pɛ·tsʅ］_{愚弄、戏弄}你。
(3) 这东西确实好，但太贵啦。
(4) 我喊他半天啦，他却没理我。
(5) 天气很好，只是有点点冷。
(6) 你今个来得太迟啦，不过也没关系。

除此之外，固始方言还使用另外三种搭配格式表转折关系。第一种为"以为/想着……没想着/没想到/谁想着/谁知道"。如：

(7) 俺们以为他会来的，没想仔他没去。
(8) 我以为今个会下大暴雨的，谁想仔是个大晴天。
(9) 俺们还想着他不得_{不会}答应的，谁知道他第一个举手同意。
(10) 他们还想着今年会涨工资的，没想到还［$_{⊂}$sɛ］_{减少}啦。

第二种为"都说……还……"格式，表事情的反常性，句子末尾常用语气词"来"。如：

(11) 你们都说这个东西值钱，他还不想要来_{你们都说这件东西值钱，但他还不想要呢}。
(12) 你们都说他没良心，他还知道心疼他妈来。

第三种为"V 是 V……还得_{还应该}……"。如：

(13) 疼是疼，该打还得打_{疼爱归疼爱，但该打的时候还是要打的}。
(14) 给是给，但要钱还得要钱_{给是给的，但该付钱的时候还是要付钱的}。
(15) 说是说，帮忙还得帮忙啊_{批评归批评，但该帮忙的时候还是要帮忙的}。

9.3.2 让步句

普通话主要使用"即使/就是/就算/纵然/纵使/哪怕……也/还……"格式表达让步关系。上述这些格式中，固始方言只有"就是/

就算/哪怕……也"格式。如：

(16) 就是把校长喊来，俺们也不同意。

(17) 你就是把天弄塌啦，也没人管你。

(18) 你就算是他亲爹，他也不得不会帮你。

(19) 你就算不要钱，俺也不要它。

(20) 哪怕你多考一分，俺们心里也会好受些。

(21) 哪怕你帮说一句话，这事也能斗做成。

除此之外，固始方言还用"就打=……也……"格式表让步关系。"就打=……也……"的语义接近"就算……也……"。如：

(22) 就打=你是领导，那也不能跟这斗啊。

(23) 就打=他没得理，你也不能打人啊。

(24) 就打=下雪没得公交车，你也不能随便迟到啊。

若下句用反问语气，则用不用"也"均可。如：

(25) 就打=他偷唠你的东西，你能随便绑他嗦？

(26) 就打=我不借钱给你，你也不能这样斗做吧？

9.3.3 假转句

假转关系是指前一分句先说出一个事实，后一分句说明假如不按前一分句所述进行的话，就会出现什么后果。普通话主要用"幸亏……否则……"表示。固始方言则用"幸亏……不然……""得……不然……""好在……不然……"三种格式表示，也即下句均用"不然"表达转折。先看"幸亏……不然……"格式：

(27) 幸亏你没去，不然就走不掉啦。

(28) 幸亏他没来，不然这事斗不成办不成。

(29) 幸亏下雨啦，不然菜都干死啦。

第二种格式为"得应该……不然"。如：

(30) 我得走啦，不然迟到啦。

(31) 你得找他，不然你进不去学校。

(32) 他得好好学啦，不然考不上高中。

第三种格式为"好在……不然"。如：

(33) 好在没人理他，不然他就来啦。

(34) 好在你没借钱给他，不然又写瓢底下啦好在你没借给他钱，不然这钱又要不回来了。

(35) 好在你今个穿得厚，不然冻感冒啦。

第 10 章 语气词

10.1 语气

语气是说话人在言语交际过程中所带的主观态度和情绪。交流中的每一句话都有一定的意义内容，同时也都带有一定的语气。意义内容主要由词汇和语法结构表达，在不改变词汇和语法结构的情况下，同一句话的语气可以有所不同。因此语气基本是属于语用范畴，但它又是一种特殊的语法范畴（李小凡 1998b）。

语气的主要表达手段是语调和重音。语调是以字调为基础的覆盖全句的韵律特征，重音包括音高、音强、音长等要素，其中最明显的是音长。重音可以分为词重音和句重音两类，句重音位置灵活，可以附着在任何需要强调的字音上。

语调是唯一可以独立表达语气的手段。同样一句话，如"去上学"，用平调说出来为陈述语气，用降调说出来为祈使语气，用上升语调说出来为疑问语气。然而语调却并非是表达语气的唯一手段，它还可以跟某些句法格式或一些词语共同表达语气。句法格式如"V 不 V""是……，还是……"等，词语可以是语气副词、疑问代词，也可以是语气词。这些句法格式和语气副词、疑问代词不仅是句子的结构成分，也多承载着句重音。而语气词与此不同，一方面它不是结构成分，也不能承载句重音，另一方面它只能黏附在句法结构后面，跟调尾相结合。但无论是疑问副词、疑问代词还是语气词，都不能独立地表达语气，只能配合语调表达语气。

10.2 语气词

语气词是表达语气的虚词。有些词虽能表达语气，如"难道""简直""谁""哪里"等，但它们并不是虚词，而是副词和代词。有些词既能表达语气，又为虚词，但也不是语气词，如固始方言的处置标记词"头［·tou］"、先行义标记词"再［·tsɛ］"、表持续的准体貌助词"倒［·tau］"等。因为这些虚词除了表达语气外，还有其他更主要的功能，即这些词的主要功能并不是表达语气。如"头［·tou］"位于动词后，其主要功能是表达处置语义，有时还可位于句中，不能算作真正的语气词。因此语气词的主要特征有二：其一，主要功能是表达语气；其二，读音为轻声的虚词。

根据这个特征，则固始方言的语气词有 20 个。它们是：

① 啦 ［·la］　　② 唠 ［·lau］　　③ 蛮 ［·man］　　④ 在 ［·tsɛ］
⑤ 喽 ［·lou］　　⑥ 来 ［·lɛ］　　⑦ 嘞 ［·lei］　　⑧ 吧 ［·pa］
⑨ 的 ［·ti］　　⑩ 呢 ［·len］　　⑪ 啊 ［·a］　　⑫ 好 ［·xau］
⑬ 很 ［·xen］　　⑭ 唉 ［·ɛ］　　⑮ 嚰 ［·meŋ］　　⑯ 嗷 ［·au］
⑰ 诶 ［·ei］　　⑱ 讴 ［·ou］　　⑲ 的话 ［·ti·xua］　　⑳ 喳 ［·tsa］

语气词的内部还可以进行分类。比较常见的分法是根据语气词的句类分布情况分为陈述语气词、疑问语气词、祈使语气词和感叹语气词四类。本书则尝试从语气词的语法功能方面进行分类。语气词的主要功能虽表语气，但有些语气词除了表达语气外，还有其他一些语法功能。如"在［·tsɛ］"的主要功能虽表语气，但它有一定的时体功能，当句中没有其他表进行的词语时，它可以表事件的正在进行。本书把这种还具有一定时体语义的语气词称作时体语气词。有些语气词则只表语气，没有其他语法功能，如"吧""啊"等。本书把这种只表语气、没有其他语法功能的语气词称作一般语气词。如果按照这种分类，则上述"啦、唠、蛮、在、喽、来、嘞"等 7 个为时体语气词，"吧、的、呢、啊、好、很、唉、嚰、嗷、诶、讴、的话"等 12 个均为一般语气词。

一般语气词只表语气，没有其他具体的语法意义。如"他吃饭"加上"吧、呢、嚰"等一般语气词，则仅仅表示对"他吃饭"这一事件的疑问。时体语气词除了表达语气外，还具有其他的语法意义，如事件的完成、实现、进行等。如"他吃饭"加上时体语气词，不仅能够表达对这一事件的语气，还能看出该事件是否完成、实现或正在进行。如：

（1）他吃饭啦_{他吃饭了}。
（2）他吃饭唠_{他吃饭了}。
（3）他吃饭蛮_{他吃饭了没有？}
（4）他吃饭在_{他正在吃饭}。
（5）他吃饭喽_{他吃过饭了}。
（6）他吃饭来_{他吃过饭了}。
（7）他吃饭嘞_{他吃饭了}！

"他吃饭啦/唠"均表"他吃饭"这一事件已经完成；"他吃饭蛮"表"他吃饭"这一事件是否发生的一种疑问；"他吃饭在"表"他吃饭"这一事件正在进行；"他吃饭喽"表对"他吃饭"这一事件完成的确认；"他吃饭来"对"他吃饭"这一事件的完成加以强调和确认；"他吃饭嘞"表对"他吃饭"这一事件的出现或完成表示惊讶和感叹。也即上述的语气词除了表达语气外，都兼表事件的完成、实现，或事件正在进行等时体语义。

但"喳［·tsa］"较为特殊。它一般用于疑问句，带有"为什么"的语义。如：

（8）他走喳_{他为什么走？}
（9）你打他喳_{你为什么打他？}
（10）你正咱回家喳_{你现在为什么回家？}

"喳"没有时体语义，但有很明显的词汇意义。不过它既不是实词也不是其他助词，一方面因为其读音完全虚化，另一方面只能位于句末，且带有强烈的疑问语气，因此只能处理为语气词。"喳"很可能为"做啥"的合音，由于常位于句末，后来便发生了虚化现象。相对来说，"喳"的语音虚化速度很快，现在已完全读为轻声，但语义虚化速度却比较慢，还具有一定的词汇意义。鉴于它没有时体语义，这里暂将其归入一般语气词。

这种语义差异，导致时体语气词跟一般语气词连用时，时体语气词总是出现在一般语气词之前。如：

（11）你吃在吧？

（12）你睡唠讴？

（13）他写啦啊！

（14）老李回家喽嚎！

这表明时体语气词跟一般语气词相比，时体语气词并没处于句法层次的最高位置，意义也没有涵盖整个句子，其管辖范围比一般语气词略窄。

10.2.1 时体语气词

1）啦 [·la]

"啦"相当于普通话的"了$_2$"，它多用于陈述句、疑问句、感叹句尾，也能用在句中表停顿。用于陈述句、感叹句时，表对事件完成的确认或感叹。如：

（15）他回家啦。

（16）小李去北京啦。

（17）我已经吃过饭啦。

（18）你竟然考上啦！

（19）唉！这下完蛋啦！

"啦"有时表示一种新情况的出现，带有惊讶意味。如：

（20）他能走路啦。

（21）他会开车啦。

（22）他走啦。

"啦"用于疑问句时，多用在是非问、反复问中，表达对未然事件的一种猜测。如：

（23）你不去北京啦？

（24）你现在想去啦？

（25）他可去学校啦？

有时则对已然事件的一种猜测。如：

（26）你去啦？

（27）他已经吃完啦？

这种句子还经常会出现"谁、啥"等表疑问点的词语。如：

(28) 你啥时候上北京啦？

(29) 谁走啦？

这种疑问句比较特别，它既含有是非问又含有特指问。如"你啥时候去啦"包括两方面的疑问内容：①你去了吗？②你什么时候去的？对于这种疑问句学界有不同的看法。丁声树等（1961）认为是是非问，而邢福义（2002：14）则将其称为特指性是非问，并认为说话者之所以采用这种问句，一方面是只想简洁明快地提出问题，因而把两问并成一问，另一方面是对问话涉及的特定事物有所猜度，但又肯定不了，因而既希望通过使用疑问代词向对方索取答案，又希望通过"有……吗"之类的提问得到对方的证实。但我们认为如果按照优势理解，最好还是将其看作是非问。这一点在讨论反复问时已有较详细的说明，这里不赘。像下面的"唠、喽、吧、嗷"等语气词也是如此。

"啦"还可位于句中表停顿，常用于并列结构的各项末尾，这时的"啦"不具有时体语义，仅为一般语气词。如：

(30) 什么你的啦，我的啦，乱七八糟的。

(31) 什么张三啦，李四啦，都不来。

2) 唠 [·lau]

"唠"多用于陈述句和疑问句。用于陈述句，多表对已然事件的确认，这一点跟"啦"一样。如：

(32) 他走唠。

(33) 他开车回去唠。

(34) 他吃完唠。

"唠"用于疑问句时，主要为是非问，问话人只是想证实自己的论断是否正确，并非单纯提问。如：

(35) 你吃唠？

(36) 他来了唠？

(37) 你没去唠？

"你吃唠"表说话人猜测到听话人已经吃过了，"他来了唠"表说话人基本知道他已经来了，"你没去唠"表说话人基本知道听话人没去，因此这些句子更多的是求证，而非单纯的疑问。

由"唠"构成的疑问句中经常会出现"谁、啥"等表疑问点的词语，但依然为是非问，这一点同"啦"。如：

(38) 谁今个没上班唠？

(39) 他啥时候去学校唠？

"唠"有时虽用于疑问句，但纯属一种招呼语。问话人明知故问，其目的只是打招呼。如：

(40) 你来唠？

(41) 你不写唠？

(42) 他不玩唠？

"你来唠"中，说话人其实已经看到听话人来了，因此该句完全不是疑问，其根本目的只是跟听话人打招呼。"你不写唠""他不玩唠"也是如此。

"唠"也可表反问，此时"唠"要重读。如：

(43) 我跟这样唠？（暗含"我没跟这样"）

(44) 她吃唠？（暗含"她没吃"）

(45) 你瞧着我回家唠？（暗含"我没有回家"）

"唠"也可以用于句中，此时多用于"要（不）是……就"格式的假设复句中。如：

(46) 他要不是走唠，活就做完啦。

(47) 他要是来唠，就好啦。

3）蛮 [·man]

"蛮"只用于疑问句的是非问和反复问中，询问某一事件完成与否，即"蛮"询问的是已然事件。如：

(48) 你活做好蛮你的活做好了没有？

(49) 他来蛮他来了没有？

(50) 谁没交作业蛮有没有谁没交作业？

(51) 你可吃饭蛮你吃没吃饭？

(52) 他可走蛮他走没走？

(53) 你回来蛮他回来了没有？

4）在 [·tsɛ]

"在"多用于陈述句，表肯定事实，陈述某一事件正在进行。如：

(54) 她洗衣裳在。

(55) 我吃饭在。

(56) 她睡觉在。

关于语气词"在"的具体用法，详见 4.2。

5）喽［·lou］

"喽"可用于陈述句、疑问句和感叹句。用于陈述句，申明已成的既定事实，略带强调语气。如：

(57) 你们来迟喽。

(58) 她早就走喽。

"喽"用于疑问句，多用在是非问中，表求证或猜测。如：

(59) 他吃了喽？

(60) 谁做了喽？

(61) 蛋糕啥时候做好喽？

"他吃了喽"中，说话人基本知道"他已经吃过了"，因此该句主要表求证，而非纯粹疑问。

"喽"所构成的疑问句，里面即使有"谁、啥"等疑问词，也表是非问。这一点同"啦"。

"喽"用于感叹句中，对某一既定事实或表兴奋，或表遗憾。如：

(62) 作业做完喽！

(63) 天晴喽！

(64) 这一下坏喽！

(65) 他走喽！

6）来［·lɛ］

"来"多用于陈述句和疑问句，也可用于句中。用于陈述句时，表对事件的发生略显得惊讶。如：

(66) 他上她家去来。

(67) 他不打招呼就走来。

(68) 现在还没十点，他就跑来。

(69) 你们都说这东西好得很，他还不要来你们都说这个东西好，但他居然还不要呢。

(70) 你们都说他呆巴叽的，他还知道回家来你们都说他傻不拉几的，但他还知道回家呢。

如例（66）"他上她家去来"中，说话人并没有预料到"他上她家去"这一事件会发生，因此当这一事件发生后，说话人就会显得较为惊讶。

当"来"重读时，强调该事件已经发生。如：

（71）他吃来。

（72）他跑来。

（73）他早就走来。

"来"用在含有词语"不就"的句子中时，表陈述某一既定事实，整个句子隐含有"只不过如此"之意。如：

（74）他不就有点钱来，有啥了不得呢？

（75）他不就哭来，又没得其他事，你说你操啥心呢？

"来"用于疑问句时，既可用于特指问，又可用于反复问，此时的"来"并没具体的时体语义，仅仅表达一般的疑问语气。如：

（76）你为啥跟这样来？

（77）你怎么来唠来？

（78）你可来唠来？

（79）你可走来？

"来"经常用于话语标记"你还说"后面，表接续对方的话语。如：

（80）你昨个可气蛮你昨天有没有生气？——你还说来，我都叫你气死啦。

（81）老李最近老是总是喝醉酒。——你还说来，他昨个又喝醉啦。

上述两例的"你还说来"均表接续对方的话语，但语气并不一样。其中例（80）的"你还说来"主要反驳对方的话语，说话人的不满溢于言表；例（81）的"你还说来"则完全同意对方的观点，说话人并无任何不满之意。

7）嘞［·lei］

"嘞"较为简单，它只用于感叹句中，表说话人对某一事件的出现、发生非常惊讶、兴奋。如：

（82）下雪嘞！

(83) 他走慢嘞!

(84) 他回来嘞!

(85) 他跑嘞他走了呀!

"下雪嘞"中,"下雪"这一事件已经发生,加"嘞"后表说话人对"下雪"这一事件的发生感到非常惊讶和兴奋。

10.2.2 一般语气词

1) 吧 [·pa]

"吧"多用于疑问句和祈使句中。用于疑问句时,多用在是非问中,表猜测,并非真正的疑问。如:

(86) 你在吃饭吧?

(87) 他上学吧?

(88) 你已经回去了吧?

如"你在吃饭吧"中,说话人在电话中听到对方吃东西的声音,猜测听话人可能在吃饭,于是向听话人求证。

句中有时会出现疑问代词"谁、啥",但也表是非问,这一点同"啦"。如:

(89) 你们谁去吧?

(90) 谁走吧?

(91) 他们啥时候去吧?

"吧"用于祈使句中,表催促、请求。如:

(92) 走吧!

(93) 快说吧!

(94) 别吃了吧!

2) 的 [·ti]

"的"主要用于陈述句中,多表对某一事件的肯定。如:

(95) 我不会去的。

(96) 他回来的。

(97) 我跑步去的。

(98) 他骑车子来的。

有时则对某一事件的描述,此时多位于重叠形式的后面。如:

（99）这树长得长长的。

（100）我眼皮子一跳一跳的。

（101）他走路蹦蹦的。

3）呢 [·lən]

"呢"多用于疑问句的特指问和反复问，表一般性的提问。如：

（102）我的手表呢？

（103）这是谁写的呢？

（104）你可去唠呢？

（105）你可听他话呢？

"呢"也可用于反问句中表反问。如：

（106）你没打，他没打，那谁打的呢？（意为"就是你打的"）

（107）你咋正˭这么好呢？（意为"你不好"）

"呢"用于句中表停顿，多用在并列结构中，有对比作用。如：

（108）你呢，又不想斗做，他呢，想斗又不中。

（109）他呢，老啦，你呢，又太小啦，那你说我找谁？

另外，"呢"跟"来"一样，也会经常用于话语标记"你还说"后面，表接续对方的话语。如：

（110）你脸色不啥好，可是病唠你脸色不怎么好，是不是病了？——你还说呢，我这两天老试总感觉不□□ [ˬzu·tsuo] 不舒服。

（111）老张最近老是总是打孩子。——你还说呢，他昨个又把他大女子打啦一顿。

但跟"你还说来"不同的是，"你还说呢"只附议对方的观点，并不反驳对方的话语，说话人也无任何不满之意。

4）啊 [·a]

"啊"的用法比较全面广泛，能起到舒缓语气，增加感情色彩的作用，"呀、哇"是其音变的形式。

"啊"用于陈述句时，表强调事实。如：

（112）你别急，他马上就去呀。

（113）他一会上班呀。

用于疑问句的是非问中，多表示一种招呼性的问候语。如：

（114）老嫂子，你好哇？

（115）老大姐，你早哇？

用在特指问、选择问、反复问中，表一般性提问。如：

（116）你们谁去呀？

（117）你啥时候走啊？

（118）你吃干的还是稀的啊？

（119）你走还是她走啊？

（120）他们可好哇？

"啊"用于祈使句中，表催促。如：

（121）快起来呀！

（122）跑哇！

（123）赶紧抢啊！

"啊"用于感叹句中，表感叹，有时略带一点意外。如：

（124）这山真俏巴_{好看}啊！

（125）他好胖啊！

"啊"可以用在反问句中，但此反问句中一般要有疑问代词。如：

（126）你咋不走啊？

（127）你为啥不去呀？

"啊"也可用于句中表停顿，常出现在并列结构的各项末尾，表列举。如：

（128）什么猫啊，狗啊，他都养。

（129）什么张三啊，李四啊，都哭啦。

"啊"用在称呼语后，主要想引起听话人对后面所说内容的注意。如：

（130）他啊，也不是个啥好东西！

（131）你啊，确实太难让人伺候啦！

5）好 [·xau]

"好"可以用于疑问句和祈使句中。用于疑问句中，多表正反问。如：

（132）我走好_{我走}，好不好？

（133）她不来好_{她不来}，好不好？

"好"用于祈使句中，表嘱咐、提醒，有时略带善意的警告。如：

(134) 你来好_{你要来呀}，别等我等你。
(135) 你抓紧好_{你要抓紧}，别等迟到啦。
(136) 小心仔好_{你要小心}，那路滑得很。

6）很 [·xen]

"很"多表对某一事件不满，因此它的出现一般需要语境，多出现于对话中，且位于对话的下句中。

"很"主要用于疑问句和祈使句中。用于疑问句时，多用在特指问和反复问中，表对说话人的做法或决定不满，"很"多重读。如：

(137) 你们啥时候来很？
(138) 你叫谁去上海很？
(139) 他可斗_做很？
(140) 你可答应很？

"你们啥时候来很"中，听话人"你们"以前一直跟说话人说"过来"，但却始终没有行动，说话人便非常不满，于是用这句话既表示了疑问，又表达了自己的不满。"你叫谁去上海很"中，听话人一直说要派人去上海，但始终没有说派谁去，说话人于是用这句话表达自己的不满。

"很"也可用于反问句，此时的反感、不耐烦的语气更为明显。如：

(141) 你走很？
(142) 你还哭很？

"你走很"中，"你"一直说"走"，但现在却因某种特殊原因"走不了"，而说话人本来就不同意听话人"走"，现在见到听话人"走不了"，于是便说这句话加以反诘，表达自己的不满。

"很"用于祈使句中，表催促、劝说，并略含不耐烦。如：

(143) 你去很！
(144) 来很！
(145) 买很！

如"你去很"中，听话人对"去不去"这件事一直比较犹豫，说话人便用这句话表催促、劝说，略带一点不满的语气。

7）唉 [·ɛ]

"唉"的出现一般需要语境，它多出现于对话中，且位于对话的下句中，"歪［·uɛ］、耶［·iɛ］"是其音变形式。

"唉"主要用于疑问句和祈使句中。用于疑问句时，多用在特指问和反复问中表提问，疑问语气较强。如：

（146）你啥时候走唉？

（147）到底谁去耶？

（148）他可得会斗做唉？

（149）你可去耶？

"唉"也可用在反问句中，不过其反问语气较弱。如：

（150）你咋不走唉？

（151）你去耶？

"唉"用于祈使句中，表催促、劝说、要求。如：

（152）俺们走唉！

（153）你跑唉！

（154）就跟这样唉！

"唉"跟"很"出现的环境基本一致，即都出现于疑问句的特指问、反复问及祈使句中，且凡能用"唉"的地方，基本都能换为"很"。但二者的语气略有差别，"很"有一种较强的反感、不耐烦的语气，"唉"虽然也有，不过相对较弱。试比较：

（155）你啥时候走唉？——你啥时候走很？

（156）你走唉？——你走很？

（157）你跑唉！——你跑很！

上述的六个例子，"你啥时候走唉""你啥时候走很"均为特指问，相对来说，前句主要是疑问语气较强，而不耐烦或反感的语气较弱，后句不仅疑问语气强，且不耐烦、反感的语气也特别明显。"你走唉""你走很"均为反问句，这两句的不满语气虽都较为明显，但后句更强。"你跑唉""你跑很"均为祈使句，前句主要催促听话人，虽也有反感、不满的语气，但相对较弱，而后句除了催促、要求外，不满语气也尤为明显。

8）噷［·mɛŋ］

"噷"可以用于陈述句和疑问句。用于陈述句中，表示道理等显而易见。如：

(158）这是对的噱。

(159）这是好的噱。

(160）我的噱。

"噱"用于疑问句，多用于是非问，表提问。如：

(161）正咱去学校噱？

(162）这是俺们的东西噱？

句中有"谁、啥"等疑问代词，也表是非问。这一点同"啦"。如：

(163）谁今个去噱？

(164）他啥时候来噱？

"噱"也可用于反问句。如：

(165）跟这样不也怪俏巴好看噱？

(166）你这不是存心在折磨人噱？

"噱"还可用在主语后，唤起听话人对于下文的注意。如：

(167）这个人噱，谁都认得。

(168）他噱，不是个东西！

9) 嗷 [·au]

"嗷"主要用于疑问句的是非问和反复问，表提问。"吆 [·iau]"是其音变形式。如：

(169）你走嗷你走吗？

(170）俺们都去吆我们都去吗？

(171）他可来嗷他来不来呀？

(172）你可怕嗷你怕不怕呢？

是非问中，句中即使出现"谁、啥子"等疑问代词时，句子仍为是非问。这一点同"啦"。如：

(173）谁没吃饭嗷？

(174）你啥子没见唠嗷你什么东西丢了吗？

"嗷"也可用于句中，多用在"（要）不是……就"格式的假设复句中。如：

(175）（要）不是老师来嗷，他们就打起来啦。

(176）（要）不是下雨吆，他就走啦。

"嗷"还多用在主语后,其主要目的是唤起听话人对于下文的注意。如:

(177) 你嗷,也不中。

(178) 他嗷,不是个好东西。

10) 诶 [·ei]

"诶"既可用于陈述句,又可用于感叹句,"勒ᵕ [·lei]、喂 [·uei]"是其音变形式。

"诶"用于陈述句时,表肯定事实,含有"应该(确实)如此"之意。如:

(179) 那俺们走诶_{我们应该走呀}。

(180) 那他丑诶_{他确实长得丑}。

(181) 这是他的屋喂_{这是他的房子呀}。

"诶"用于感叹句中,表感叹。如:

(182) 这东西好脏诶!

(183) 你好能勒ᵕ!

11) 讴 [·ou]

"讴"可用于陈述句、祈使句和感叹句中,"呦 [·iou]"是其音变形式。

"讴"用于陈述句,主语多为第一人称,告诉别人自己即将实施某一事件。如:

(184) 俺正咱去呦_{我现在就过去}。

(185) 俺回家讴_{我现在回家}。

"讴"用于祈使句中,表劝说语气。如:

(186) 俺们走讴_{我们走吧}!

(187) 你们赶快吃讴_{你们赶紧吃吧}!

"讴"用于感叹句时,表感叹、起哄。如:

(188) 他好快讴!

(189) 都跑讴!

12) 的话 [·ti·xua]

它经常位于假设分句的末尾,表达假设语气。如:

(190) 要跟这样的话,俺们早赢啦。

(191) 下雨的话，我就不来啦。

13) 喳 [·tsa]

"喳"只用于疑问句中，多指询问该做法的原因，可对译为普通话的"干吗/为什么"。如：

(192) 你弄它喳_{你弄它干什么}？

(193) 你昨个回家喳_{你昨天为什么回家}？

该句的疑问重音为"喳"，说话人必须对"喳"进行回答，因此由"喳"构成的疑问句都为特指问。

"喳"也用在反问句中，但其反问的语气较轻。如：

(194) 你跑喳_{你跑什么}？（暗含"你不应该跑"）

(195) 我给你看喳_{我为啥给你看}？（暗含"我不给你看"）

固始方言中的选择问一般不加语气词，但加上也可以，像"呢、唠、来、很"等就可以加在选择问中。但不加这些语气词更常见些，且还显得更干脆、更利索。故上文没有讨论那些可以用于选择问的语气词。

参考文献

曹志耘　1996　《金华汤溪方言的体》，载张双庆主编《动词的体》，香港中文大学中国文化研究所、吴多泰中国语文研究中心

曹志耘　2008　《汉语方言地图集》，商务印书馆

陈满华　1996　《安仁方言的结构助词和动态助词》，胡明扬主编《汉语方言体貌论文集》，江苏教育出版社

陈前瑞　2008　《汉语体貌研究的类型学视野》，商务印书馆

陈淑梅　1995　《谈鄂东方言的"V得得"》，《方言》第3期

陈月明　1999　《时间副词"在"与"着₁"》，《汉语学习》第4期

戴浩一　1988　《时间顺序和汉语的语序》，《国外语言学》第1期

戴耀晶　1997　《现代汉语时体系统研究》，浙江教育出版社

丁　力　1999　《从问句系统看"是不是"问句》，《中国语文》第6期

丁加勇　2003　《汉语方言句末"着"的类型学考察》，《常德师范学院学报》第1期

丁声树　1961　《现代汉语语法讲话》，商务印书馆

高名凯　1948　《汉语语法论》，商务印书馆

龚千炎　1995　《汉语的时制时相时态》，商务印书馆

固始县志编纂委员会　1994　《固始县志》，中州古籍出版社

郭　锐　1993　《汉语动词的过程结构》，《中国语文》第6期

贺　巍　1991　《获嘉方言的疑问句》，《中国语文》第5期

黑维强　2016　《绥德方言调查研究》，北京师范大学出版社

侯　超　2015　《皖北中原官话"可"类问句的性质及归属》，《方言》第4期

胡明扬　1996　《海盐方言的动态范畴》，《汉语方言体貌论文集》，江苏教育出版社

胡裕树、范晓　1995　《动词研究》，河南大学出版社

黄晓雪　2007　《说句末助词"在"》，《方言》第 3 期

柯里思　1995　《北方官话里表示可能的动词词尾"了"》，《中国语文》第 4 期

孔令达　1986　《关于动态助词"过$_1$"与"过$_2$"》，《安徽师大学报》第 4 期

李崇兴　1996　《湖北宜都方言助词"在"的用法和来源》，《方言》第 1 期

李如龙、张双庆　1992　《客赣方言调查报告》，厦门大学出版社

李如龙　1996a　《动词的体·前言》，载张双庆主编《动词的体》，香港中文大学中国文化研究所、吴多泰中国语文研究中心

李如龙　1996b　《泉州方言的体》，载张双庆主编《动词的体》，香港中文大学中国文化研究所、吴多泰中国语文研究中心

李小凡　1998a　《苏州方言的体貌系统》，《方言》1998 年第 3 期

李小凡　1998b　《苏州方言语法研究》，北京大学出版社

李孝娴　2006　《固始方言"可 VP"问句考察》，《信阳师范学院学报》第 6 期

凌德祥　1996　《合肥话中几种特殊的语法现象》，黄伯荣主编《汉语方言语法类编》，青岛出版社

刘丹青　1996　《东南方言的体貌标记》，载张双庆主编《动词的体》，香港中文大学中国文化研究所、吴多泰中国语文研究中心

刘丹青　2019　《语法调查研究手册》（第二版），上海教育出版社

刘祥柏　1997　《六安丁集话的反复问形式》，《方言》第 1 期

刘祥柏　2000　《六安丁集话体貌助词研究》，北京大学中文系博士论文

刘祥柏　2000　《六安丁集话体貌助词"倒"》，《方言》第 2 期

刘一之　2001　《北京话中的"着（·zhe）"字新探》，（北京）北京大学出版社

林华勇、李雅伦　2014　《廉江粤语"头先"和"正"多功能性

的来源》,《中国语文》第 4 期

  吕叔湘　1942　《中国文法要略》,商务印书馆

  吕叔湘　1984　《释〈景德传灯录〉中"在、著"二助词》,《汉语语法论文集》(增订本),(北京)商务印书馆

  罗自群　1999　《现代汉语方言"VP+(O)+在里/在/哩"格式的比较研究》,《语言研究》第 2 期

  罗自群　2006　《现代汉语方言持续标记的比较研究》,中央民族大学出版社

  马庆株　2002　《著名中年语言学家自选卷—马庆株卷》,安徽教育出版社

  梅祖麟　1988　《汉语方言里虚词"著"字三种用法的来源》,《中国语言学报》(第三辑),商务印书馆

  潘悟云　1996　《温州方言的体》,载张双庆主编《动词的体》,香港中文大学中国文化研究所、吴多泰中国语文研究中心

  彭小川　1996　《广州话的动态助词"住"》,胡明扬主编《汉语方言体貌论文集》,江苏教育出版社

  平田昌司、伍巍　1996　《休宁方言的体》,载张双庆主编《动词的体》,香港中文大学中国文化研究所、吴多泰中国语文研究中心

  钱乃荣　2002　《进行体、持续体和存续体》,《中国语文研究》第 1 期

  邵霭吉　1989　《释"不作兴"和"连跑是跑"》,《中国语文》第 5 期

  邵天松　2006　《高邮方言"连 V 是 V"格式》,《语文学刊》第 9 期

  邵则遂　1991　《天门方言研究》,华中师范大学出版社

  盛银花　2010　《安陆方言语法研究》,(武汉)华中师范大学出版社

  施其生　1996　《汕头方言的体》,载张双庆主编《动词的体》,香港中文大学中国文化研究所、吴多泰中国语文研究中心

  宋金兰　1994　《汉语方言持续貌助词语源新探—兼与梅祖麟先生商榷》,《玉溪师专学报》第 Z1 期

陶　炼　1998　《"是不是"问句说略》,《中国语文》第 2 期

陶　寰　1996　《绍兴方言的体》,载张双庆主编《动词的体》,香港中文大学中国文化研究所、吴多泰中国语文研究中心

涂光禄　1996　《贵阳方言语法特点》,黄伯荣主编《汉语方言语法类编》,青岛出版社

汪国胜　1999　《湖北方言的"在"和"在里"》,《方言》第 2 期

汪化云　2016　《黄孝方言语法研究》,语文出版社

汪化云、姜淑珍　2019　《黄孝方言中"着"的再认识》,《语言学论丛》第 60 辑

汪化云、李倩　2021　《固始方言的疑问代词》,《中国语言文学研究》第 29 卷

王继同　1988　《〈老残游记〉里的"连跑是跑"》,《中国语文》第 5 期

王　健　2005　《汉语方言中的两种动态范畴》,《方言》第 3 期

王　力　1944　《中国语法理论》,商务印书馆

王　力　2004　《汉语史稿》,中华书局

王求是　2007　《孝感方言的语气助词"在"》,《孝感学院学报》第 5 期

万　波　1996　《安义方言的体》,载张双庆主编《动词的体》,香港中文大学中国文化研究所、吴多泰中国语文研究中心

吴福祥　2002　《南方方言里虚词"到（倒）"的用法及其来源》,《中国语文研究》第 2 期

吴福祥　2004　《也谈持续体标记"着"的来源》,《汉语史学报》（第四辑）,上海教育出版社

伍云姬　1994　《长沙方言的动态助词》,《方言》第 3 期

萧国政　2000　《武汉方言"着"字与"着"字句》,《方言》第 1 期

谢留文　1998　《南昌县（蒋巷）方言的两个虚词"是"与"着"》,《中国语文》第 2 期

邢福义　2001　《汉语复句研究》,商务印书馆

邢福义　2004　《汉语语法三百问》,商务印书馆

邢向东　2004　《论现代汉语方言祈使语气词"着"的形成》,《方言》第4期

邢向东　2006　《陕北晋语语法比较研究》,商务印书馆

邢向东　2015　《论晋语时制标记的语气功能——晋语时制范畴研究之一》,《安徽大学学报》第4期

邢向东　2020　《神木方言研究》,中华书局

徐烈炯、邵敬敏　1998　《上海方言语法研究》,华东师范大学出版社

许宝华、汤珍珠　1996　《上海方言语法》,黄伯荣主编《汉语方言语法类编》,青岛出版社

杨永龙　2002　《汉语方言先时助词"着"的来源》,《语言研究》第2期

叶祖贵　2009　《固始方言研究》,中国社会科学出版社

叶祖贵　2013　《论汉语方言的进行体和持续体》,《语言研究集刊》第11辑,上海辞书出版社

叶祖贵　2014　《汉语方言中描摹性动词重叠的修辞学考察——以"VV的"为例》,《当代修辞学》第5期

叶祖贵　2018　《河南息县方言的先行体标记词"再哩"》,《语言研究集刊》第22辑

叶祖贵　2019　《论汉语方言中来源于副词的先行义标记——以"正""再""先"为例》,《方言》第2期

叶祖贵　2020　《汉语方言中的两类"VV"式动词重叠》,《汉语学报》第2期

游汝杰　1993　《吴语里的反复问句》,《中国语文》第2期

游汝杰　1996　《杭州方言动词体的表达法》,载张双庆主编《动词的体》,香港中文大学中国文化研究所、吴多泰中国语文研究中心

俞光中　1986　《〈水浒全传〉句末的"在这（那）里"考》,《中国语文》第1期

喻遂生　1990　《重庆方言的"倒"和"起"》,《方言》第3期

袁毓林　1993　《正反问句及相关的类型学参项》,《中国语文》第2期

张志华　2014　《湖北罗田方言的体标记连用格式》，《方言》第 3 期

赵元任　1928　《现代吴语的研究》，清华大学出版社

郑定欧　2001　《说"貌"——以广州话为例》，《方言》第 1 期

中国社会科学院语言研究所、中国社会科学院民族学与人类学研究所、香港城市大学语言资讯科学研究中心　2012　《中国语言地图集》(第 2 版)，商务印书馆

朱德熙　1982　《语法讲义》，商务印书馆

朱德熙　1985　《汉语方言里的两种反复问句》，《中国语文》第 1 期

朱德熙　1991　《"V-neg-Vo"与"Vo-neg-V"两种反复问句在汉语方言里的分布》，《中国语文》第 5 期

后　　记

　　本书能够完成，首先要特别感谢汪国胜先生的信任和支持。2019年年底，汪先生来信问我能否在2021年年底前把自己家乡的方言语法写出来，加入他主编的"汉语方言语法研究丛书"中。我当时非常高兴，就毫不迟疑地应承了下来。答应的原因有二，其一我曾出版过《固始方言研究》一书，里面的语法部分是我硕士时期的论文，其内容不仅单薄，而且问题很多，如今成了我的一块心病，一直很想找个机会进行补充修正。其二觉得能以丛书的形式出版，机会很难得。但答应之后，我很快发现自己根本没有时间撰写，因为我的国家社科基金项目临近结项，一点都耽搁不得。汪先生知道情况后，便允诺我2022年9月前完成也行。有了汪先生的支持，我就安心忙着课题结项。但等到课题结项以后，才发现离汪先生要求的截稿时间只有十个月，而这十个月的时间显然是完不成一部书稿的。汪先生便又跟出版社商量，再给我宽限半年的时间。于是我从去年10月底昼夜撰写，终于在规定日期前完成。因此没有汪先生的理解和支持，本书是绝对不可能完成的。再次向汪先生表示衷心感谢。

　　本书写的虽是家乡的方言，不少内容还在《固始方言研究》一书中有所涉及，但在写作过程中，我仍然觉得异常吃力，很多现象都不知道如何表述和描写。每每遇到这种问题，邢向东老师、杨永龙老师和汪化云老师都会向我耐心解答。没有他们的解疑答惑，本书是不可能如期完成的。在此向三位先生表示诚挚谢意。

　　作为方言研究，最关键的环节是选择调查人。这里要特别感谢我的岳父易乃友先生、姨夫汪基洲先生。他们不仅帮我找到了特别理想的调查人，还对我调查得来的例句一一校对，力图使每一个例句更精确、更地道。我的高中同学蒋涛也对书中的不少例句提出很好的修改建议，使我获益匪浅。我的研究生史瑞敏、王玲、司徒梁希、李玉婷、董俊铭、刘奇等同学在书稿的校对中也花费了很多精力，在此向他们表示感谢。

  当然由于本人的学识有限，书中的错误及疏漏在所难免。对于书中的错误与疏漏之处概由作者本人负责，同时也恳请方家多提宝贵意见。书中参考和引用了许多前修时贤的研究成果，在此一并谢过。

叶祖贵

2022 年 12 月 19 日

《汉语方言语法研究丛书》书目

安陆方言语法研究
安阳方言语法研究
长阳方言语法研究
崇阳方言语法研究
大冶方言语法研究
丹江方言语法研究
高安方言语法研究
河洛方言语法研究
衡阳方言语法研究
辉县方言语法研究
吉安方言语法研究
浚县方言语法研究
罗田方言语法研究
宁波方言语法研究
武汉方言语法研究
宿松方言语法研究
汉语方言持续体比较研究
汉语方言完成体比较研究
汉语方言差比句比较研究
汉语方言物量词比较研究
汉语方言被动范畴比较研究
汉语方言处置范畴比较研究
汉语方言否定范畴比较研究
汉语方言可能范畴比较研究
汉语方言小称范畴比较研究
汉语方言疑问范畴比较研究

石城方言语法研究
山西方言语法研究
固始方言语法研究
海盐方言语法研究
临夏方言语法研究
祁门方言语法研究
宁都方言语法研究
上高方言语法研究
襄阳方言语法研究
苏皖方言处置式比较研究